定年起業コンサルタント

取締役まで務めた
私の定年後の
奮闘記

辰己友一 著

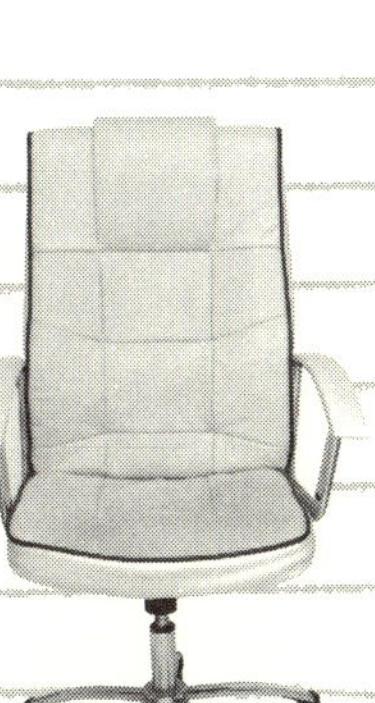

はじめに

いろいろなリターンを求めよ

長く普通のサラリーマンとして働き、漠然と定年というものを考えていたら本当に定年がやってきた。「ああ定年がやってきてしまった」という感じであった。

それにしてもまことにあっけなく、ほとんど冗談のような感じであった。これから何をやろうかと考える間もないくらいの早さであった。

現役時代は、国内外の仕事を思う存分やらせてもらった。悔いはまったくないサラリーマン人生で、先輩、同僚、後輩、またお取引先など大切にしてくれたのが大きい。

しかし、「定年」というのは日本民族にいつ頃から始まったのか。農耕民族として何千年も日本人は生きてきた。日本では、「いつまでも身体が動くうちは働け」の世界だったはずである。農耕民族には本来、定年という考え方がない。そういう伝統が日本人には染みついているのだ。だから急に六十歳だから、もう仕事はいい、というのは日本人の肌合いには合わない。なんとかもっと長く働けないのか。それなら起業するというのもありえるだろうと考えた。**一歩踏み出せ、定年親父**である。

人生は一度きりだ。

悔いのないようにいろいろ経験してみるのが面白い。振り返ってみると起業してよかったと思う。**自分で会社を起こすのは、夢やロマンがある。定年後は起業するいい機会なのである。**自分は優秀なので、定年後も何か仕事がやってくるだろうというのは、美しい誤解だ。まずは、自分から仕掛けることが重要だ。なにしろノーリスク・ローコストであり、失うものはない。営業で回って邪険にされても、それが営業の仕事と割りきればいいのだ。駄目もとで定年起業すればいいのである。

いざ起業してみると、注文は取れない。昔の知りあいからは、さげすんだ目で見られる。簡単ではなかった。「不安」と「気おくれ」の連続であった。くじけそうなこともいっぱいあった。それでも「駄目もと」でやっていたら小遣い銭くらいは稼げるようになった。ただ、リターンはお金だけではない。

何よりうれしいのは、心を開いて話せる若い新しい仲間がいっぱいできたことである。

これは大きな精神的なリターンではないか。幸い、昔仲良くさせていただいた人から声がかかり、コンサルティングの仕事（コンサルテーション）をやらせてもらうことになった。人柄のいい人達ばかりの会社で、仲よくやらせてもらっている。フットワーク軽く動いて、信頼を得るようにしている。

今まで知らなかった業界の仕事であり、学べることが多いのも刺激的だ。講師業も、昔の知りあいから頼まれてやらせてもらっている。常に勉強していなければやってはいけない仕事だ。毎回真剣勝負で、いい意味のストレスを得ている。

また、ある会社では現地法人の立て直しを手伝わせてもらった。正直面白かった。仲介業も現役時代培ったネットワークで、いいパートナー会社に恵まれて大変仲良くやらせてもらっている。特に筆者より一まわり以上若いパートナーの先輩コンサルタントのH氏とは、本当にいい友達関係を構築できた。いろいろなアドバイスを適宜にくれて、私の話も真摯に聞いてくれるありがたい友達だ。総じて、定年起業はいろいろなリターンがあるのである。

それでは忙しいのかと言えば、そうでもない。

「ちょっと暇すぎるのか」と思うくらいである。家族孝行の旅行や外食も増えた。趣味のテニスは、毎週三～四回やっている。またマラソン大会にも挑戦中だ。こうした趣味の世界でも、新しい仲間が増えつつある。現役時代はお酒を飲む機会が多くて、健康診断では肝臓機能やコレストロールの数値が悪いと言われつづけてきた。これが運動も増えた関係で、体重も減り数値が改善した。健康になるということも大きなリターンである。

小遣い稼ぎ程度の中から、後輩にもたまにはご馳走する。昔の大学や職場の友人とも会う機会も増えた。こちらはよもやま話のオンパレードだ。気楽で大変仲がいい。また、すごく偉くなった友人も気楽に会ってくれる。**どこが悪いのか定年起業。「定年親父」は、こうしたいろいろなリターンを求めるべきだろう。定年ぐらいで、くよくよするな。人生まだ三分の一は残っているのだ。**

リスクを取らないのは当り前だ

起業するからといって、なけなしの資金を投入して失敗はできない。

何故なら、その後の人生では起死回生できる時間がないからである。定年後は資金の要らない、ノーリスク経営を目指すべきだ。固定費の少ないビジネスをやるべきだ。私の場合は、事務所はない。バーチャル・オフィスの住所だけを「銀座セカンドライフ」という会社に借りている。ここは中高年起業家を支援する会社で、会社住所を借りる費用はわずかである。同社の女性社長の片桐さんは、いつもあたたかな目で見守ってくれている。時々人的ネット・ワーキングの貴重な情報もくれる。

片桐さんは、また、定年後の起業のし方について、行政書士の専門的な立場からアドバイスしてくれた。この事務所は、格安値段で、サービス満点だ。

一番大きな経費は税理士費用で、これも年間では大きなお金ではない。吉野税理事務所の吉野先生は、ぼっそとした言い方ではあるが、親切なアドバイスをしてくれる。多くの起業家を見てこられた経験があるからだ。もちろん、税務面はしっかりしていただいている。後は、パソコンに電話と電車賃、書籍代と、食事代などが主な経費である。これらは会社をやっていなくてもかかるものである。会社を起こしたからといって特別にかかるものではない。それに大きな支出でもない。掛け売りもない、在庫や固定資産もない。リスクを取らなくても起業は可能なのだ。

定年後はリスクを取らないのが当り前なのである。

定年起業は現役時代の延長線上にある

定年起業は、現役時代の延長線上にあり、将来起業を見据えた考え方を現役時代にしておくことは重要だ。

筆者は、現役時代に、合弁会社を無事立ち上げることができた。また停滞していた会社を復活させた。経営をいっぱい学ばせてもらったということだ。その間、コンサルタントとも付きあった。それでコンサルタントの価値もわかった。同時に若い会社経営者とも気楽に付きあうなど、顔を広くしておいた。こうした現役時代のコネクションや、培ったスキルで定年後も生かされている。

定年後を見据えれば、嫌われ上司ではいられない。嫌われ上司は定年後に、誰にも相手にされなくなる。

とにかく、もう現役でもないので、ないものねだりをしても始まらない。人生は長い。定年は新たな人生をおくる絶好のチャンスだ。何しろ、自分を縛る制約がまったくなくなる。後は、健康に留意する。そして、本当にやりたいことだけをすればいいのだ。あとは、ゆるゆるとした人生を満喫する。何に文句があるのだ、定年親父である。

これから定年を向かえ、不安な方も多いと思う。この本がそうした方に、少しでもお役に立てればと思う。一度の人生、いつも笑顔で明るく元気に生きたいものだ。

若い現役の方にとって、定年は遠い将来の話である。想像できないだろう。しかし、そうした人達にもいずれや定年はやってくる。

定年後のこちら側の世界から見えるものを、知っておけば、精神的にも現実的にも準備ができるだろう。いずれにしても、定年後は現役の延長線上にあるのである。現役時代に築いた人間関係やスキルが、ものを言うのである。ある日突然に実力や営業ネットワークはできない。所詮、大多数のサラリーマンは、みんな似たりよったりなのである、その気になって、早く準備しておくにこしたことはない。

子供も成人し、ローンはない。年金が少しある。蓄えも少しはある。贅沢しなければ食べるのには困らない。あくせく稼ぐためだけに、仕事をする必要はない。

その上で誰かにお役に立つ。かつ新たないい人間関係を構築する。

それで「やったあ」と自分で思えることをすればいいのではないか。そういうことが実現できるのが定年起業のいいところだろう。

趣味の世界やＮＰＯもありえるだろう。そういう世界は性にあう人がやればいい。現役時代に、無趣味で、NPO方面の関係構築もしないで、急に趣味やボランティアの世界には入れない。正直なところ、もっと普通に仕事をしたいという気持ちが強い人も多いだろう。六十歳は第二の人生の始まりである。体力的にはまだまだ若い。やりたいことをやればいい。

この本では、筆者のようなごく普通のサラリーマンが定年後、どう考え、いかにして起業したのかを書いてみた。団塊の世代の人はいっぱいいる。団塊の世代はとかく「余計者」であるとか、「振り逃げの年金泥棒」などと批判を受ける場合がある。団塊の世代は目立つので、嫌われやすい。定年後も起業して働きつづけ納税し、団塊の世代に対する偏見を打破したい。「二丁やってみようか」という感じである。

現役時代に、「定年後はどうしょうか」と悩む暇があれば、コネクション作りや、経営などの役に立つスキルを磨くべきだろう。定年後は、誰も親身に面倒見てくれないのが当り前なのである。

定年後の「人生万歳!」というところである。六十歳からまた人生の新たな一ページである。駄目もとでチャレンジしよう。一歩踏み出せ、定年親父である。

目次

第一章 会社設立は簡単だ

現役時代は、大企業の部長までやらせてもらった。
関連会社にでてから、二社ほど通算九年間ほど役員もやらせてもらった。日韓の合弁会社設立と成功裏の立上、またトラブルいっぱいだった会社の再生と、自分なりに「やったあ」と思えた。それで、それなりに経営はわかっていると思っていた。しかし、こうした大企業の恵まれた環境の中での会社勤めと、自分が会社を起業するというのは、まったく別問題だ。さっぱりわからなかったのである。

定年が近づいた頃に、具体的にどうするのかを考えた。以前からおぼろげに会社を作ろうとは思っていたが、実際どうすればいいのかさっぱりわからない。また、先輩がアルバイト先を斡旋してくれたが、会社を作ると、アルバイト先の労務契約に抵触するのかしないのかわからない。同時に年金をもらうことになっていたが、会社を設立すると、その受給に影響しないのかもよく見えなかった。個人事業主がいいのか株式会社がいいのか。それらの場合、どういう手続きになるのか。違いは何なのか。お金はいくらかかるのか。どういう仕事がビジネスになるのかなど。わからないことだらけだった。

しかし、後から考えると、いろいろと支援してくれる人がいた。また心にしみるアドバイスをしてくれる人達もいて、意外とすんなりと会社は設立できた。若い知りあいがいろいろと役に立つ情報源になった。いろいろな人達と知りあっていたということは、大きな財産であったわけである。会社設立実務は、思うほど難しくないのである。一番重要なのは、自分が一歩踏み出すかどうかである。できるだけ早く会社を設立した方が、踏んぎりがつく。

◆会社設立、簡単でそんなにお金もかからない

会社を設立しているパートナーのコンサルタントのH氏などに、どう会社を設立するのかを何度もたずねてみた。みんな税理士を雇って実務をやってもらっていた。

ある仲間は「この税理士がいいので頼んでみては。費用は全部で○十万円弱ですよ。毎月の経理チェックに○万円くらい。期末決算が○十万円くらいですよ…。税務署に強い方なのでいいじゃないですか。大体三週間くらいで会社が設立できますよ」などとすごく具体的に教えてくれた。

また別の会社の社長さんにも聞いてみた。「会社作りですか、それは全部自分でやりました。住んでいる湘南の公証人役場へいって、それから法務局に届ける。印紙税で○十万円くらい経費がかかりますね。役所の人も暇なのか親切です。何でも教えてくれるので、会社設立は結構簡単ですよ」とのこと。

「そうか…。そういうことなのか。それじゃ一丁、何ごとも経験なのでやってみるか」と考えた。さっそくインターネットや本を頼りに、定款を作って公証人役場にいってみた。するとと本当に親切に教えてくれた。

区役所にいって、印鑑証明書など必要資料を整えた。インターネットで、社印や銀行印を買った。それで、公証人役場で会社登録に必要な資料を作成。銀行で自分の別口座を作った上で、そこに百万円の資本金を振り込んだ。それから法務局にいって登録することになった。役人くさい、いわゆる「たらい回し」のような対応をされるのかと想像したが、実に親切にいろいろと教えてくれた。下手な会社より、よほど顧客満足度が高いのではないかと思った。

ところで、会社の住所であるが、みんなに聞くと、「自宅の住所はやめておいた方がいいですよ。可能性が少ないですがストーカーに狙われますよ」とのこと。

そうはいっても、それではどこに住所をおけばいいのか。事務所を借りても固定費がかかる。できたばかりの会社なので、固定費出費は抑えるのに越したことはない。

そこで昔の知人がSE派遣の小さな会社をやっているので相談に行った。

「いいよ、いいよ、住所貸してあげるよ」とのこと。

「お金払えないので、タダだけどいい？」とたずねると、

「いいよ、いいよ」と非常にあっけらかんと了承してくれた。

これで会社住所問題はかたづいた。いい友達でそれ以降も何度かいくと、親身になっていろいろと実務的なアドバイスをしてくれた。これもありがたかった。二十人くらいのSEを派遣する会社で、社長本人のみが秋葉原の小さな事務所に詰めている。実務経験豊富だった。苦労話を聞くと、どんどんいろいろな話が出てくる。しょっちゅうお昼時に弁当を買って、この事務所に行って話した。この友人も、「税務関係はしっかりしておいた方がいい」とアドバイスをくれた。

H氏が付きあっている吉野税理事務所にお邪魔した。ここの吉野先生がまた親切な方だった。「最初はそんなにビジネスも動かない。この書類をここの法務局に、この書類を

都の税務署に出して下さい。私たちがやってもいいのですが、ご自分でもできますよ」とのこと。

「社長さんの給与を決めなくてはなりません。そんなに収入もないでしょうから月額◯万円くらいでしょうかね。資本金を食いつぶしてまで給与は支払えませんよね」とのこと。

やっとの思いで、書類を作成して税務署に持参した。ここも、実にすがすがしく親切に対応してくれた。日本のお役所も捨てたものではないと実感した。しかし考えてみれば税務署にとって、納税者はお客様なのである。

今回、一連のお役所とのかかわりで、特に感銘を受けたのは地元の板橋区役所である。仕事が組織だっていてスマートである。我々住民のことを『お客様』と呼んでくれる。やはり、新しいことを始めると、新しいことに気が付く。そういうことを楽しみながら、やっていくことが大切ではないだろうか。それにしても会社設立は、バカみたいに簡単で、大きなお金もかからない。早く設立して、次のステップに進むべきだろう。

◆年金があるさ、生活費は心配ご無用

会社を辞める段になると、人事勤労部の女性社員が親身になって年金手続きをサポートしてくれた。

企業年金、国民年金、どういう書類をいつまでにどこへ出すのか。こまごまと教えてくれる。それで定年後いつからいつまではいくら年金が入るのかなど、大変よくわかった。年金担当の女性社員の方も、「辰己さんの場合は大丈夫ですよ」とのこと。

幸い、個人的にも保険会社の年金保険もかけていた。アメリカ駐在も数年あったので、アメリカ政府からもわずかながら、六十六歳以降に定年親父の小遣い程度の年金が入る。以前高松に転勤した時に、人に頼まれて衝動買いしたマンションの賃料もわずかであるが、入る。

こうした年金など計算してみると正直、「ああこれなら飢え死にはしないな」という感覚になった。コネもない、親の七光りもない、もちろん受け継ぐ財産もない。そう必死にも働いたわけでもない。その割には、老後もこうして生活できる見込みとなったのである。これで、定年後は年金が下支えしてくれることがはっきりとした。後は自分がやりたいこ

とをやればいいのである。生活費を稼ぐ心配は無用なのだ。

定年後「いっしょに仕事をやりましょう」と何社かが声をかけてくれた。しかし、そこの仕事だけでは大した収入でもない。そんなに世間は甘くはないのである。そういう収入の少ない会社でも、私が注文を取ってこないとなると、甘い顔はしないだろう。「金の切れ目は縁の切れ目」のはずである。

今までのように大会社ではない。実績が上がらなければ、即退場という感じになるに違いない。またこうなると卑屈になる可能性もある。ようするに定年後は一社だけに雇われてはならないのである。一社だけに執着してしまうと、どうしても双方恨みつらみも出るだろう。何社かと、ゆったりとした気持ちで付きあえばいいのだろう。若い人が独立してやっている会社は、それなりユニークなポリシーでやっているはずである。後からきた定年親父の左手団扇が、許されるはずがない。若者といえども、必死で会社を経営しているのである。何しろ定年親父にはセイフティーネットの年金がある。「お金、お金」とこだわることはないのである。

自分の人生をやっと他人ではなくて、自分がコントロールすることになったのである。そう思うと急になんだかやる気いっぱいになった。物ごとはいいこともあれば、悪いこともある。自分の気持ちをどう整理して、自分を奮い立たせるのか。そういうのが定年後には重要だろう。

現役時代は、あまり熱心に仕事をするタイプではなかった。ところが、仕事ができなくなると思うと、急に仕事を一生懸命やりたくなった。「人間はないものねだり」をする生き物らしい。

定年起業もそういう人間の欲求かも知れない。試しにいろいろとやってみたいと思った。何しろ年金と言うありがたいセイフティーネットがあるのであるから。それを活用しない手はないだろうと思う。

また、今後ますます年金受給は厳しくなるだろう。年金などのセイフティーネットがなくても、ある程度稼ぐくらいの気構えが必要だろうと思う。

◆気楽な目標設定で夢を見ろ

何をするにしてもまずは目標を立てることが大切だろう。それで、夢、短期計画、長期計画を考えた。夢は楽しいことしかやらないということが基本である。気楽な能天気な目的を設定すると、意外と楽しくなるものである。やみ雲に思い悩むより、ずっといい。それで、

【夢】としては、

①家族と仲よくする
②人の役に立つ仕事をする
③自分のやりたい仕事をする
④自分の時間を満喫する
⑤ある程度お金を稼ぐ
⑥仲間と仲よくする

ということにした。

しかし定年後に改まって考えるほどの目標ではない。ごく常識的な発想である。いかに

それまで何も考えないで生きてきたかということである。

【短期的な目標】としては、

①自分の会社を設立する
②低額でもいいので固定給をもらえる仕事を確保する
③コンサルティングを勉強する
④自分の本来の仕事を早く一件でも見つける
⑤コンサル業の基盤を作る
⑥昔の仲間をパートナーにする
⑦ゴルフの会員券を買う
⑧家族や仲間と海外旅行をする

ということにした。

人から見れば小さな幸せかもしれない。しかし、まず目標を立てることが大切だろうと思ったわけである。

【長期的な目標】として、

①最低70歳代まで働く、80歳代も視野に入れる

②働かなくなればボランティアで、よろず相談家をやる
③死ぬまで健康管理をしっかりとおこなう
④人生の後半は宗教を勉強する

ということにした。

しかし、こうは書いてもこれらの目標をしょっちゅう忘れて、小さなことで思い悩む自分がいた。やはり基本に帰って、いつもこうした夢や計画を考えておくのが大切か。とにかく年金などがあり、経済的には死なないわけである。家族を大事にする。いじけない。そしてすがすがしく生きる。誰かの役に立つということが最も大切だと思う。

人間は何かの渦中に入ってしまうと、どんどんと欲がでる。それが満足されないと焦って、いらいらして自分を不運だと思いやすいものである。基本のスタンスをはっきりしておけば、リラックスして人生送れるのではないか。基本的な考え方を、しっかりと持っておくことが大切だ。

しょせん、人間は一人では生きられない。苦しむ場合があっても、いかにそれらに折り合いをつけられるのか。気楽な目標を設定しておくと、何かの足しになるだろう。とにかく定年親父はいじけやすい。欲が深い。気楽な目標を立てて夢をみるにこしたことはない。

◆まずアルバイト先を確保しろ

ありがたいことに先輩が私の定年後のことを心配して、アルバイト先を探してくれた。アルバイト先には、定年して直ぐに出かけていった。それまでとは違って、平机に座った。パソコン操作が、パスワードなど煩雑でなかなかうまくいかなかった。給与もそんなにはよくない。不満と言えば不満であるが、それが現実だ。ようは「慣れ」の問題なのである。ひっかかっていたのは、アルバイトといっても労務契約を結ぶので、起業ができないのではないかということだった。せっかくアルバイトを紹介してくれた先輩にも、迷惑をかけたくなかった。またそうしたグレーな状況では、元の会社グループの顧客に売り込みもできないのではないかという心配もあった。

以前に大手コンサル会社の人達との付きあいがあった。退任の挨拶状をこのコンサル会社に出すと、さっそく連絡があり、銀座で会食した。仮にNさんとしよう。Nさんも「私の顔が広いだろう」という美しい誤解と、「私が明るくてきさくな人柄である」という正確ではない認識で、アプローチしてきたのだろう。Nさんにこの労務契約のことをたずねた。

彼の言い分はシンプルで、「そうした義理立ては不要ですよ。いらない。いらないですよ」というものであった。また、自分で、会社を起こして稼いだとしても、年金支払いには関係ないこともわかった。

それにしても、安心してやれるアルバイトを確保できたのは大きい。まず、朝でかけていけるところがあるというのはいい。それから仕事の話をできるというのもいいのである。昼休みになれば、まわりの人と社員食堂にいって、あれこれと雑談するのもいい。これが一日中家にいると思えば、気分もなえるだろう。妻もいい顔をしないだろう。いい先輩を持っていたものだ。

定年間際に、アルバイト先を確保しておくのはいい戦略だ。収入も安定的に入るし、開業の準備もできる。起業のための時間を借りる、仕事だと考えればいいのである。まずこうした起業の準備時間を確保できるアルバイトは、給金は安いかもしれないが、大いなる精神安定剤となるのである。

◆税理士先生は大切にしろ

起業して初年度の決算期が近づいて、税理士の先生と打合せをした。

「銀行通帳をお持ちですか。ああ、これなら社長さんの給与を支払っても黒字になりますね。大変厳しい経済情勢の中で、初年度からがんばっておられますね。今度こられる時に定款と謄本のコピーを持参して下さい。社長さんの給与については源泉徴収手続きが必要ですね。東京都税と国税の申告書がくるので、それで税金申告をしましょう。来年からは電子申告になりますが。我々の手数料は〇十万円くらいですね。旅費規定や慶弔規定も準備する必要がありますね。インターネットで調べて準備して下さい。税金を節約する意味では、経費をどう落とすかですね。自宅を事務所に使われていますね。光熱水費として月額〇万円くらい計上しましょう。自家用車も営業に使っているのであれば、ガソリン代や車検代、税金なども経費計上しましょう。三十万円以下のものは基本的に経費になりますから、何か必要なものは買われますか。それから来年度の売上規模はどれくらいですか。一度社長の給与を決めると年度中には変更できませんし、役員所与は経費扱いになりませんから税引き後の支払です。奥さんが事務を手伝ってくれるのであれば、給与を支払できます。アルバイトさんを雇えば、それも経費となります」

など淡々と教えてくれる。

ただ今年度の売上をどう見るのかというのはそう簡単ではない。なにしろ、一発屋で受注残が全然ないのである。予想も何もつかない。

そういうことを先生に話をすると、「みなさんそうおっしゃいますが、何かいろいろ努力されてそれなりの数字を出されますね」とのこと。

「昨年度は設立一年目でこういう数値になったので、今年度はこれくらいですかね」と、かなりストレッチな数値をいわれる。

「ああ、そうかなあ。ひょっとしたらできるかも知れない」と一瞬思わされた。

それで、

「うまくいけばこれくらいの数字、いやこれくらいの数値がいけるかも知れませんね」

と先生に調子をあわしている自分がいた。不思議と元気がでていた。

また、「起業して一年間ご苦労様でした。今年もがんばって下さいね」というような感じにも聞こえた。

いろいろな会社を見ておられるのであろう、大変親切に対応してもらった。またこの事務所を去ろうとすると、全部で四人しかいない事務所の人達全員が、やっている仕事を中断して立ちあがり、気持ちのいい挨拶をしてくれた。「また一年がんばろう」と思わされた。いい税理事務所に出会えたと思った。

最初は、「この先生、真面目を絵に描いたような人であり、大丈夫か」と思ったりしていたが、なかなか味のある対応をしていただいて、本当に救われた気持であった。これからも大切に付きあっていきたい。

さっそく、わずかであるが源泉徴収税や都税を郵便振込した。税金を払うと、やっと会社だという実感がわいてきた。大変いい気持だった。自立したと思えた。

失敗しない定年起業のポイント ①

■「まず、これまでの自分を再点検しましょう」

定年した後に「起業」する。それはいわば「第二の人生」です。素晴らしい選択になる一方、これまで会社がしてくれた事を自分自身がしなければなりません。失敗する可能性もあります。ここでは章末ごとに重要なポイントを述べていきましょう。最初にチェックしなければならないのは、**まずあなた自身が「定年起業」で幸せになれるのかどうか、**という点です。

起業して単に「お金稼ぎ」をするのでは、面白くありません。「どういう仕事に興味があるか」「どういうスケジュールで時間を過ごすか」「誰といっしょに働くのか」「何がビジネスになりそうなのか」こういった点をチェックしてみましょう。定年後の『黄金人生』を、有意義に過ごすことが最大の目的です。

そこでまず「何がビジネスになりそうか」という点について、次の事項にそって確認してみましょう。

（1）誰がどんな仕事でパートナーになってくれますか？
（2）あなたの事業計画は、どのようなものになりますか？
（3）お客さんはどういう人？ 取引をイメージできますか？
（4）ビジネスのリスクはありませんか？

たとえば、外国に友達がいて「一緒に何かビジネスをやりましょう」と声をかけられたとします。いつから、いくらくらいの売上が期待できるか？どのくらいの利益が出そうなのか？自分が投資する必要はあるのか、ないのか。投資するならどのくらい必要か。冷静になれば、こうした事はすぐわかるものです。利益が出なくてもお付きあいをしたいというのなら、それはそれで、楽しむ事を優先する、と決めればいいでしょう。

第二章 楽をするな、営業活動

当り前の話であるが、仕事というものは受注があって初めて成りたつ。それで、製品やサービスを提供して、代金を回収するというのがビジネスである。ここで受注を得るために、営業をやるのであるが、これが大変むずかしかった。

◆ただ顔が広いだけで注文が取れるはずがない

顧客をいっぱい回って、それなりに一生懸命に自分のメニューについて説明した。しかし、簡単には注文はもらえない。注文が取れないのである。

それで悩みながら、林文子横浜市長の「失礼ながら、その売り方では、モノは売れません」という本を読んだ。彼女は会社のお茶くみ係から始めて、三十歳を過ぎて、車のディーラーに転職。それでトップセールスとなった。その後、外資系のディーラーの社長になる。またヘッドハントされてダイエーの会長として活躍した人である。本に書いてあることは、営業の素人から始めて、努力を重ね、いろいろ深く考えて行動し、成功した経験談であった。この本を読んで、世の中そんなに甘くないであろうという思いがした。

普通どんな会社でも、いい経営手法をいっぱい実行しているはずである。まずそれらを話してもらってはどうか。おそらくそうした成功談を聞いているこちらが感激するはずである。また別のお客さまと話す時、そういう情報は役に立つであろう。そうした情報をいっぱい持っておくことは、お客さまと会話する時に役に立つだろう。とにかくお客さまに成功体験を話してもらって、心を開いてもらうことが重要だ。それで、そうした会話の後に、お客様の困っておられることも聞く。もし自分が持っているメニューで、解決できるものがあれば、提案すればいいのではないか。

現在持っているメニューはそんなに高額ではない。それで、お客さまが予算を絶対さけないということはない。我々のメニューがお客さまの問題解決に役に立つことを知ってもらうことが大切だ。どうもそれまでは偉そうに、自分のメニューがいかにいいのかばかりを話していた。まずは、十分お客さまの話を聞くことが先決である。ちょっと作戦を変える必要が絶対にあった。

それでお客さまが、我々のメニューを採用され仕事が終わったら、必ずフォローしよう。ご自分たちの判断が誤っていなかったことに、確信してもらうことが大切だろう。お客さまが我々といっしょになって成功すれば、口コミで伝わっていくのではないのか。

もちろん、足しげくいろいろなお客さまにアプローチすることは大切である。我々のメニューに満足されないのであれば、変更する必要もあるだろう。これだけ景気が悪くて緊縮財政の中、一番先に切られる可能性のあるのは、コンサルティングや教育だろう。発想を変えないと成功はおぼつかない。しかし、諦める必要はない。人間困れば、いろいろと知恵をだしてがんばるものである。

林文子さんの本を読んでいて、こういう結論に至った。それで元気がでたし、がんばろうと言う気になった。営業関係の本をもっと読もうと思った。いずれにしてもただ顔が広いからというだけでは、注文は向こうからやってはこないのである。当り前の原則を改めて認識しただけなのである。

◆営業トークを磨け

現役時代は、管理部門の仕事をしており、営業部門にあまりにも厳しく言うものだから、「そんなことというのなら、お前やってみろ」くらいのことは何度も言われた。それで自分が営業をやってみるとうまくいかない。注文が取れないのだ。

どうもこちらが一方的にしゃべり過ぎてはいないのだろうかと思った。

相手がいくら理解してくれても、発注してくれなければ何の意味もない。どうすれば相手が発注したいと思うようになるのか。自分本位で自分達のことばかり話していても、そうした注文に繋がらないのではないか。

やはり相手の話を聞く。それで理解を示す。誰でも、自分たちはいい仕事をしていると思っているはずである。

しかし、コンサルというのは相手の拙い問題点を解決するのが商売である。結局相手の現状を否定しなければ前には進まない仕事である。そういう相手の嫌がる話題を持ち出して、注文を取らなければならないのである。どう相手の気持ちをこちらに向けてもらえるか。この二律背反的なところをうまく考えて解決しないと、いくらお客まわりをしても注文はこないのではないか。そう思い始めた。

自分が顧客ならどう考えるか。問題を認識すれば、その解決に向けて自分の付きあいのある気心の知れた優秀なコンサルを雇う。それで、「こういうことが問題だと考えているが、いっしょに解決を考えてくれないか」というような会話になるはずである。だから、顧客が感じている問題点を話してもらうような方向に持っていくべきではないか。自分たちコンサルタントから、「あなたの会社はいっぱい問題ありそうですね」と持っていっても、仕事には繋がらないのではないか。どう問題を聞きだすのかが大切ではないかと思った。

それと、やはりコンサルタントは、相手の会社との相性が大変重要だ。いくら優秀なコンサルタントであっても、相性の悪いコンサルタントにはお客様は仕事を出そうとはしないであろう。いると楽しい。それでいて頼りになりそう。そういうコンサルタントにならない限り、注文はこないのではないか。

まずは表敬訪問で、相性がいいことを感じてもらう。それでお客様が心を開いてくれると、どういう問題があるのか相手がしゃべりたくなるように会話を進めるべきだろう。仕事を任せてもらえれば、いい成果を出すという自信が強すぎて、空まわりしているのではないか。相手に「ひょっとすると、この人に仕事をだすと、なんとかしれくれそうだ」と思うような雰囲気づくりが重要だ。問題の聞きだしが下手ではないかと考え始めた。相手が心を開いて話をすると、恥ずかしいと思わせては駄目だ。なんでも人生勉強である。いろいろ試してみることにした。

こういう意見を仲間のH氏にすると「目が覚めました」「大変大きな気づきを与えていただきました」などと言ってくれた。いい仲間である。これからもいっしょに成長したいと思う。

いずれにしても「営業」が一番付加価値を生む仕事だ。営業トークを勉強するのも当り前なのだろう。

◆顧客まわりはどんどんこなせ

「下手な鉄砲も数うちゃあたる」ではないが、いっぱいお客を回った。注文が取れなくても平気になってきた。そのうち、お客まわりしていろいろな優秀な経営者と会うと、貴重な話が聞けるというのを実感しだした。「これは面白い」と思い始めた。

ある会社にいくと「会社が成功するかどうかは、外部をいかにうまく使うかにかかっている。R&Dやマーケティングでも聖域はない。どう外部をうまく活用するかだ。アメリカのシスコ社は年間十社くらいM&Aで買収する。月に一件ベースであるが、こうして買収した企業を十分に自分の会社のカルチャーに馴じませている。すぐにガバナンスを発揮する。M&Aも事業戦略のネット・ワーキング重視からぶれていない。そういうのがすごい」と言う幹部がいた。

またある時は「海外で通じる人間をいかに育成するのかが日本企業のポイントだ。これがうまくできているところは少ない。また現地化は必須であるが、日本の現地法人は日本人社長ばかりだ。これも問題である。逆に現地化すると、これを十分統治しきれない。外国人幹部に甘い会社が多い。ここをしっかりやらないとグローバルでは戦えない」などと言う幹部もいた。

ある会社にいくと、「我社の製品は、現状では中国が主戦場である。製品販売台数は中国が日本の十倍である。近い将来、本社を中国に移すということもありえるのではないか」と言う幹部がいた。「中国もここまできたのだ」と腹落ちする議論であった。

またコーチングの紹介のために訪問し、「会社は人間が重要で、挨拶など基本をしっかりやるべきだ」などと言ったら、その会社幹部から「我社の社員の挨拶はぜんぜん問題ない。みんな非常に気持ちよくやってくれている。それに資料も少ないし、会議も少ない。少ない会議では、全員参加でしっかり議論できている」などとのこと。この会社には大変興味がわいた。ふたたび訪問して従業員の方を面接させてもらいたいと思った。どうしてそういうことになったのかを知りたいと思った。

とにかく忙しい幹部が、じっくり話を聞いてくれるのはありがたい。こちらはPRで行っているのである。自分が向こうサイドに座っていたら、すぐにイライラして話を打ちきってしまうだろう。本当に謙虚に忍耐強く話を聞いて議論してもらえる。やはりそういう会社は、成功しているところが多いのではないか。そうした経営幹部の謙虚さや、真摯な態度には、本当に感服する場合が多い。今さらながら大変いい勉強になっている。商売は二の次である。いい情報をもらえて大変有意義である。こうして見ると、いい幹部のいる会社はいっぱいある。日本の企業は捨てたものではない。

訪問したお客様のデータを整理したが、最初の三〜四カ月で三十五社回ったことがわかった。週三日のアルバイトもやりながらなので、実質一カ月ちょっとでこの数の会社を回ったことになる。まずまずの努力だと思える。こうしてデータにして見ると、なんとなく自信を持った。せっかく、回ったので、この回った会社を大切にしたい。また、住所録などを頼りにこれから訪問したい会社と調べると、三十数社の候補会社があった。

この顧客データベースを仲間のH氏に見せると、「これはすごいですね。こんなに顧客まわりしたのですね。辰己さんといくと、必ずみんななつかしそうなお顔で親切に対応してくれる。普通は、まず会えない。会えても話を聞いてもらえない。ビジネスになるのはもっと可能性が低い。辰己さんのネットワークはすごいですよ。私は辰己さんを大切にしますから」と心強いことを言ってくれた。なかなか得がたい親友を持ったような気になった。それにしても顧客まわりはマメにやることが重要だ。

「顧客まわりはどんどんこなせ」である。

失敗しない定年起業のポイント ❷

■「収入と支出を、一覧表にしてみましょう」

定年起業をする、と自分で決意してしまう前に、まず「収入」「支出」「目標」を冷静に書いてみましょう。定年後はリスクを取らないのが基本です。仕事からの収入がないとやっていけない、という生活スタイルは厳禁です。余裕を持って、半分「道楽だ」と思うくらいで、ちょうどいいでしょう。楽しい起業のはずが、自分で自分を追いこんでしまうようではいけません。

【収入】 定年後の生活費はいくらで、年金収入や、今までの蓄えでまかなえるのは月々いくらなのか、**計算してみましょう。**実力以上の収入計画は避けるべきです。

【支出】 毎月の生活費はいつも通りに計上しますが、贅沢はやめます。事業で将来大きく稼げる可能性があっても、それを**アテにしての浪費はやめます。**いざ稼いだら、趣味や家族との旅行・食事会などに使います。

【目標】 いつも通りの収入・支出でやっていて、仮に今後、どれだけ余分に稼げるかを想定してみると、ちょっと贅沢にお金を使う、というのを夢みるのも悪くはありません。ちょうど宝くじが当たったらどうしようかと夢みるのと同じです。実現できればハッピーですし、実現しなくてもイメージに遊ぶだけです。実際に稼げたら、初めて使う。そして多めに稼いだお金は、ふつうに貯金することなく、**人生の楽しみに使う、**と考えたら、明るい気持ちになります。

もっとも重要なのは、マイペースでやりつつ、健康を維持するということです。健康を第一に重視しましょう。

失敗しない定年起業のポイント ③

■「こんなふうに定年起業する人たち」

定年後に起業する人は、次のようなケースが多いのです。

（1）社会とつながりを持てる空間や時間が欲しい。

（2）自分のそれまでの経験やノウハウを活かしてみたい。

（3）現役時代は、所属していた会社の看板で仕事をしたが、その「後ろ盾」がなくなって、どこまでやれるか試してみたい。

独立開業や起業は、定年後アクティブに生きるための、選択肢の一つです。定年された皆さんは、豊富な実務経験のなかで、多くのノウハウ、スキル、情報、ネットワークをお持ちです。何もナシで起業する人よりも、成功する要因は多い、と言えます。しかし、次のような点には注意が必要です。

【実力相応】自分の実力や身の丈に合った事業を選びましょう。

【家族と生活】家族や周囲に迷惑をかけない仕事を選択します。

【黒字より資金繰り】売上や収益より、まず資金が枯渇しない事を優先します。自分の会社の貯金通帳に、つねに百万円以上あるように心がけましょう。精神的な余裕が生まれます。

定年起業で成功してきた人たちは次のような事をしています。

（1）退職前に事前準備

資金繰りや、自分のビジネス・モデルをよく考えておきます。できれば、事前に会社設立くらいしておくのがいいでしょう。

（2）必要なモノを検討する

自分のポケットマネーでまかなえる範囲ですべて考えましょう。借金はしないし、人に頼らない事が重要です。不要なものをメンツで揃えるようなバカな事はやめます。たとえば事務所は住所だけ借ります。最初から立派なオフィスは不要です。

第二章

定年親父の起業のポイントまとめ

定年起業家コンサルタントをやっていて、気づいたことや、心掛けていることを書いてみたい。何かの参考になればと思う。しかし、書いているからといって、筆者がすべて満足できる程度にやれているということではない。とくに、営業関係の「歩け」「歩け」式のことはできていない。いろいろ課題はあると思うが、ポイントは志高く、いろいろなリターンを狙って、ノーリスク、ローコスト経営を粘り強く実戦することである。

◆現役時代に心掛けておくこと

①定年前に起業について勉強しておく

現役時代に、会社設立方法などをインターネットや、本屋で本を買ってきて勉強しておく。定年と同時に会社は設立するくらいの感じで動くといい。

②定年前に定年後の仕事のプランを考えておく

定年になったらすぐに活動できるようにしておくと動きが早いだろう。エンジニアであったら、これからは中国など海外関係も目玉だ。文系の人も講師業や顧問業など、いろいろと考えておくこと。

③現役時代に、多くの人脈を築いておく

現役時代に定年後のビジネスも考えてできるだけ多くのネット・ワーキングを作っておく。特に若い企業との人脈は貴重だ。

④しっかりと、その後に役に立つことについて経験しておく、勉強しておく

コンサルタントも使った経験もないのに急にコンサルタントをやると言っても難しい。いろいろな新しいことに挑戦しておき、経験を積んでおく。結果、それは、お世話になっている組織にも大いに役に立つことである。

⑤現役時代は、上から目線で偉そうな態度をしないで謙虚に仕事する

とくに部下に対しては、紳士的に付きあっておくこと。尊大な態度で嫌われると、定年後は絶対付きあってくれない。それで情報やビジネス・チャンスを逃すことになる。現役時代の人間関係は八方美人くらいでちょうどいい。

◆定年後のポイント

①起業実務は面倒くさがらずに、さっさとやってしまう

公証人役場、区役所、法務局などインターネットは書籍情報で意外と簡単に起業できる。面倒くさがらずさっさとやること。

②株式会社組織にするのであれば、いい税理士を雇う

税金で痛くもない腹を探られるのは不愉快だ。税務はしっかりしておく。また税理士さんは、普段の経理事務も几帳面に教えてくれる。感覚の問題かもしれないが、有限会社より株式会社の方がずっと響きがいい。個人事業主よりも。断然プロの感覚がある。

③定年後起業を指南する専門家もいるので気楽に相談する

例えば、私が会社の住所をおかせてもらっている「銀座セカンドライフ」である。この片桐社長はなにかといろいろ貴重なアドバイスをくれるだろう。

④できればアルバイト先を確保する

自由な時間がいっぱいできるので、不安になりやすい。何か低額でもいいので固定の仕事を少し確保する。しかし、フル・タイムでは働かない。アルバイトをさせてもらいながら、次のステップの仕事を探すスタイルがいいだろう。

⑤顧客訪問はマメに、しかし卑屈にならず

無から有は生まれない。しっかりいろいろとまわり、受注のチャンスを探る。しかし、受注できなくても、悲観せず飽きずにつづけることが重要だ。ネット・ワーキングを大切にする。

⑥お客様に対しては絶対上から目線で接しない

仮に昔の部下であっても、あるいは後輩だとしても同じだ。お客様としてしっかり接する。

⑦一度任された仕事は必ず結果を出す

いいサービスをしていれば、必ず仕事が繋がるものだ。しっかり責任を持って、こなす。

⑧パートナー会社は大切に

パートナー会社は、現役時代と違って大企業は少ない。しっかり情報を共有して、いい関係を絶やさない。

⑨契約関係は書面でしっかり

こちらが素人ということで食い物にされるリスクもある。しっかり書面で契約を交わすこと。

⑩家族を味方につけておくこと

一番頼りになるのは家族である。しっかりケアーして起業の味方につけておくこと。また、「遊び」のパートナーとして大切にすること。

⑪情報収集・勉強は絶やさない

もう現役ではないので、情報は向こうからやってこない。こちらから取りにいかないと時代遅れになる。また読書やセミナー参加も積極的に実行する。よほど勉強しないと世の中の流れについていけなくなる。

⑫志を見失わない

金銭的にも精神的にもリターンを追い求める。また、ノーリスクのローコスト運営を忘れない。

⑬経理関係はこまめに記帳しておく

金銭出納長や請求台帳はしっかり記帳しておく。それで、経費計上漏れや代金回収もれを防ぐこと。

⑭くじけそうになったら

「NANTOKANARU（なんとかなる）」、「NANTOKANARU（なんとかなる）」と十回唱えることとにかく暗い顔をしない。「不機嫌な人間」と一旦思われると付きあってくれるお客様も逃げていく。粘り強く、くじけずに前向きに突きすすむこと。

⑮新しい趣味に挑戦する

気分が休まるものを持つこと。気楽な仲間をいっぱい探すこと。それにはこちらがマメに幹事役をするのも厭わないこと。むしろ楽しむ。誘われたら。断らない。新しいことにどんどんチャレンジすることだ。

第四章 コンサルティングって何だ

世の中、コンサルティング業界には、超大手の会社から、本当に小さな会社まである。コンサルタントと称して活動している人は多いが、中身は千差万別だ。

それではコンサルティングとは何か。

一流のコンサルタントに「あなたのお仕事は何ですか」と問うてみよう。おそらく素人でもわかる明快な回答は得られないだろう。本屋さんにもコンサルタントについて書いた本がいっぱいある。しかし、素人が、わかるものはほとんどないのではないか。それくらいコンサルティングなるものは、わかりにくいのだ。

◆コンサルタントは「客引き」ではない

知人から「君、コンサルティングといったって、実際、何をやっているの？」とよくいわれる。家族にいたっては、「どんなことをしてお金をもらっているの？」、「まさか詐欺みたいなことしてないでしょうね」と、まるで信用ゼロで、宇宙人扱いだ。なかなかわかりにくい仕事らしい。

そこいらの中小企業の社長さんに、「コンサルタントとは何ですかね」と聞いてみよう。すると、

「そりゃあ、あなた、コンサルタントというのはお客を連れてくれる人だろうが」と言うかもしれない。コンサルタントを「客引き」と間違っているのだ。

また、コンサルタントは、色々な分野をカバーする、医療コンサル、農業コンサル…。いっぱいある。本書でいうコンサルティングは、一般的な会社の経営コンサルティングである。

平たくいうと「おたくの会社の問題点はこうです、で、おたくの課題を整理するとこんな感じになります、だからこういう戦略にしたほうがいいです、こういう組織構図に変えたほうがいいです、というような方向性をいう」ことなのである。

（出典：野口吉昭著「コンサルタントの「現場力」　どんな仕事にも役立つ！プロのマインド＆スキル」　ＰＨＰビジネス新書）

要するに、会社のうまくいってない問題点は何か、調査・分析して、明らかにする。それで、どう解決するべきなのかを報告する。このようなプロセスで、会社がうまくいくよ

うな知恵をだすということである。それで顧客の会社は収益を増やすのである。コンサルタントを一言でいうとプロの「経営改革屋」であるのだ。

コンサルタントは、お客様の中に入りこんで、何社も会社改革を手伝い成果を出している。経験があるのだ。また、日米欧アジアの会社経営の成功と失敗の事例もよく研究している。地道な努力で、能力やスキルをいつも磨いている。こうした経験と専門知識で、コンサルタントには、本当の問題を見極める力がある。この能力は「終身雇用制」で一社に縛られ、また限られた職種のキャリアだけのサラリーマンには持てないだろう。

◆コンサルタントは社長が使いこなすべきものだ

一般的に、会社の社長は孤独だ、それでコンサルタントは悩みの相談相手になる。問題解決に向けていろいろとアイディアをだす。優秀な社長ほど、コンサルタントの使いこなし方を知っている。

コンサルタントを使うタイミングであるが、経営陣が入れ替わった時が適切だ。新しい経営陣は、登壇前にいろいろ情報を集めるだろう。また、会社に入り込むと、いっぱい勉強するものだ。しかし、限られた陣容での情報収集・分析には限界がある。思いこみや、誤解も発生しやすい。そこでコンサルタントを雇い、一心同体となって、情報・分析し、その会社の現状把握や、あるべき方向性を迅速に模索する。

その会社の運命は、おそらく新経営陣の体制となってから一年以内くらいで決まるだろう。中途半端な社長では、会社も中途半端になる。この一年くらいの間に、いい戦略や方向性をスピーディーに決められた会社は強い。そうでないと、ずるずると、あっという間に時間がたってしまう。「自前主義」にこだわらずに、気軽にコンサルタントを使ってはどうだろうか。

一方、経営にどっぷりつかった社長の場合、プライドばかり高くて、現場を知ろうとしないケースもある。そんなに一人で何もかもわかるはずがないのであるが、自分から現場に降りていって情報を集めようとしない。いくら優秀だといっても、自分の頭をひねくり回してもたかが知れている。ご本人は一生懸命やっているつもりであるが、部下の役員以下は役員会議などであまり発言しない。そうだろう、何か言ってしまうと、こうした社長の機嫌を損ねるリスクが高くなるのだ。それで社長は「俺が一生懸命やっているのに、誰も意見を言わないし、何もやらない。頼りになるのは自分だけだ」とまた張りきりだす。

するとまた生の情報は集まらない。悪循環のサイクルが回るのだ。これでは業績が良くなるわけがない。最悪、赤字の垂れ流しで倒産だ。

会議をしていて、社長以外、余り議論しないなあと感じたら、それがコンサルタントを雇うことを検討する時期だ。一度冷静な外部の目で見てもらった方がいいだろう。要するに、一回くらい社長のプライドを、よこにどけて、早く結果を出すべきだ。

一般的に、悪い話をすると、部下は叱られるので、はやく報告しない。風通しが悪い。社長は「裸の王様」になりやすい。それで、対応が遅れる。

コンサルタントは社長に上がりにくい悪い情報を速く集め、分析し、報告する。こうして、社長の「目」や「耳」となる。特に、海外関係オペレーションは把握しにくい。時差や商慣習が違うので、なおさらだ。ここでフットワークの軽いコンサルタントの出番がある。あちこちいって、外人の話をフレンドリーにいっぱい聞いてこられる。こうした情報を集めてしっかり経営を実践するのが本当の経営者なのだ。

実態が判明し、打つべき手がはっきりしたとしても、厳しい話ばかりをしていては従業員の納得性を得られない。例えば、社長が「経費を三割カットするのか、君たちの給与を二割下げるのか、どちらにしたいのだ」などというと角が立つ。「いつも、にこにこしているが、あれが本性だ」などと陰でいわれかねない。

しかし、実態は、実態で、速く手を打たなければ会社がつぶれることにもなりかねない。これをコンサルタントがいっぱい資料を作って、ぱりっとした背広姿で、理路整然に言うと納得感がある。同じプロでも会計士さんが言っても迫力がない。数字だけ説明されても納得されにくいのだ。ここは演出効果のうまい、コンサルタントの登場場面なのだ。

コンサルタントは、ある特定の専門分野のコンサルタントもいるだろうが、だからといって「これはできません」、「あれは専門ではありません」とはいえない。その分野の専門家のネットワークを持っておくべきだ。ただ、一方、ホーム・ドクター的で、いつでも何でも相談できるコンサルタントというのもある。気軽に使えばいいだけの話である。社長といっても完ぺきではない。ホーム・ドクター的なコンサルタントを脇にかかえて、相談相手として、自分の考え方を整理してもいいのだ。いいコンサルタントは、大きな絵を描いて、社長に気配りする、また必ず知恵を出すものだ。こんな便利屋を使わないのは、社長として損ではないだろうか。

◆コンサルタントは医者に似ている

コンサルタントは、会社経営における医者の役割だ。

病気になれば、病院にいって診断・検査してもらう。それで治療方法の説明を受け、実際の治療をしてもらう。コンサルタントは、会社の問題を必死に見立てて、どう解決していくのかお客様に説明する。それで、お客さまといっしょになって問題解決する。

重大な病気なら、手術もするだろう。軽ければ投薬で終わりかもしれない。また節制で直る病気もある。もっとも病気でなくても健康診断は受ける。

熱があって、咳をする患者がいたら、ただの風邪なのか、肺癌なのか、医者は見たてる。その上で、安静にして投薬するのか、外科手術するのかを決めるだろう。それと同じで、会社の売上が減って倒産のピンチなら、製品が悪いのか、売り方が悪いのか、はたまた市場が低迷しているのか、コンサルタントを雇って、本当の原因を突きつめ、戦略を修復する。そういうことがコンサルタントの使い方である。

検査で糖尿の傾向があるとわかったら、お酒をやめる、食べ過ぎない、運動するなど節制する。

同じように、組織診断で若手社員が元気なくて不満が多いとなると、上司教育をして指導をうまくやらせる、若手教育を充実する、働きやすい職場環境にしていく。若者にいっぱい会社を辞められると困る。未然に手を打つのだ。こういう問題の未然防止もコンサルタントは得意だ。

医者は赤ちゃんも、とりあげるだろう。丈夫に大きく育つようにサポートするだろう。会社なら、新しい事業だ。成長の見込めるものは、どう早く伸ばすのか。こういうこともコンサルタントはお手伝いできるのだ。

医者は癌を見つけると抗がん剤で治療するか、切除する。

同じように、会社が収益の上げるのに、先行きの見込めない癌的な赤字の事業は、止めるしかない。それで取り除く。これは「岡目八目」の冷静なコンサルタントの方が特定しやすい。成長戦略とは、何でもかんでも伸長させることではない。駄目なものは早く見切りをつけて、「選択と集中」に徹するべきである。

ある人が組織の癌なら、投薬で直すように、指導、配置替え、再教育もある。荒治療だと、辞めてもらうしかない。このような会社の癌をなおす、なくすお手伝いもコンサルタントはできるのだ。これが、今までいっしょに働いてきたとなると、人情もあり、そうしたことさえ考えつかないだろう。

いい医者も、悪い医者も、日本では診療代にはあまり差がない。アメリカでは、名医となると目の玉が飛びでるほどお金がかかる。筆者がアメリカ出張中に、胆のう炎にかかった。にっちもさっちもいかずに、現地の病院で摘出手術した。三泊四日の入院だ。それで、完治したが、な、な、なん…と、〇百万円かかった。幸い保険があって、一銭も払わずにすんだ。

コンサルティングの世界でも、アメリカでは一流のコンサルティング会社はすごく高い。それではと、安いコンサルティング会社を使うと、やぶ医者と同じで、問題解決につながらない。結果が出ないのだ。一流コンサルティング会社を雇ったと思ったら、駆けだしの「あんちゃん」、「ねえちゃん」コンサルタントがいっぱいやってきて、箸にも棒にもかからない仕事をする場合だってよくある。会社でなくて、コンサルタントそのものをよく見ないと駄目だ。もちろん、小さい会社だって、優秀なコンサルタントはいっぱいいる。そのコンサルタントしだいなのである。

コンサルタントの仕事は、「黒子」になって、問題解決にむけて七転八倒する役割だ。

外資系のさっそうたる背広姿のコンサルタントを、想像される方が多いと思うが、実際の仕事は地味で泥臭い。事実を集め、その問題の見定めを、深く、深く考えて解決策を検討する。夜昼ないのが常態化する場合だってある。それで、結果を出すのであるが、本当に苦しい作業である。

病院や、医者も選ばないとダメだ。コンサルタントも同じである。それでは、いいコンサルタントかどうかを、目利きするのは誰かということであるが、それが雇う側の能力次第ということになるのである。いいコンサルタントにめぐりあえば、顔をつないで、キープしておくのがいい。

◆仕事の流れは単純だ

ここで、コンサルテーションの仕事の流れを整理してみよう。

コンサルテーションの仕事は、普通の仕事と同じで、まずお客様にアプローチして、お客様が、その気になれば提案書とともに、見積書を提出する。お客様から発注いただければ、仕事にかかる。

多くの従業員や関連する方々を面談し、種々調査して、会社経営の問題は何かを突きつめる。
それで解決策を考える。
何度も仮説（見立て）を立てて、それが正しいのか検証する（確かめる）。
何度も、何度も仮説（見立て）と検証（確かめ）のくりかえしだ。
それで正しいと確信できれば、お客様に報告する、というものだ。
さらに依頼があれば、お客様といっしょになって問題解決を図る。
こうして一連の問題発見と解決が実行される。

左図の「医療とコンサルティングの流れ」では、コンサルティングのプロセスを医療と比較して図示した。ちょうど医者が、診断して、検査して、治療方法を模索・決定して、患者への説明、それで治療にあたるのと同じ流れだ。つまり、コンサルティングでは、問題点の洗いだしを行い、問題解決策をさぐる、それでお客様といっしょになって問題解決策実行をするのである。この医療の診断・検査のステージにあたる、コンサルティングの問題点の洗い出しは「仮説」、「検証」のくりかえしで、なかなか簡単にはいかない。腕のいいコンサルタントと、そうでないコンサルタントの実力の違いがここで大きくでる。

●医療の流れ

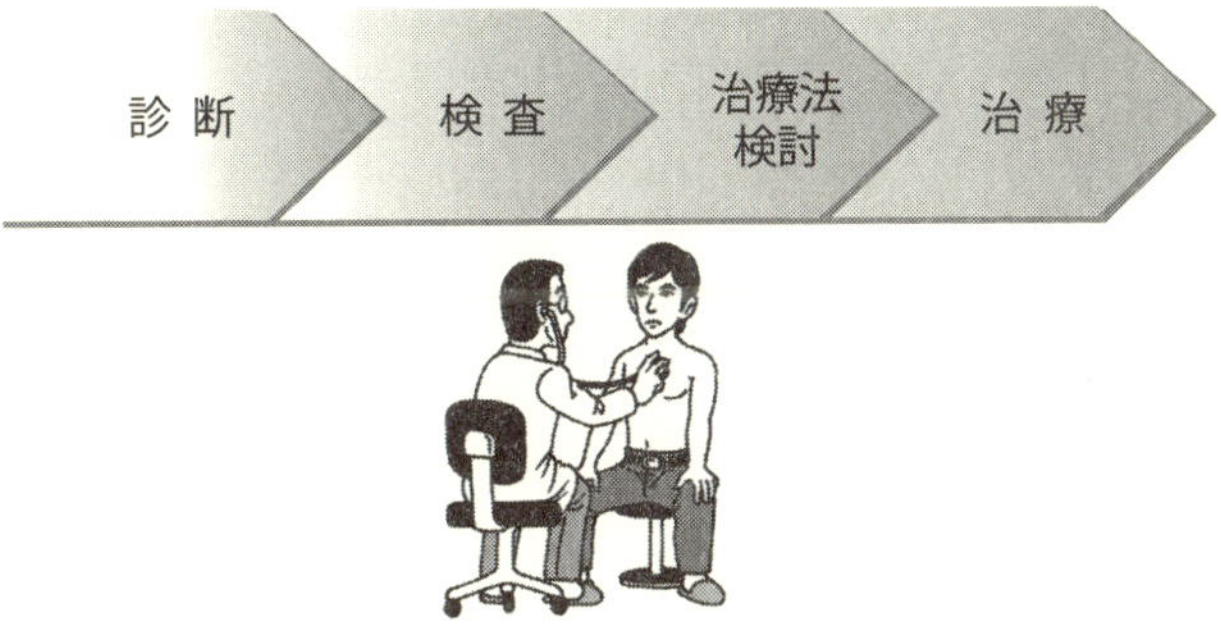

●コンサルティングの流れ

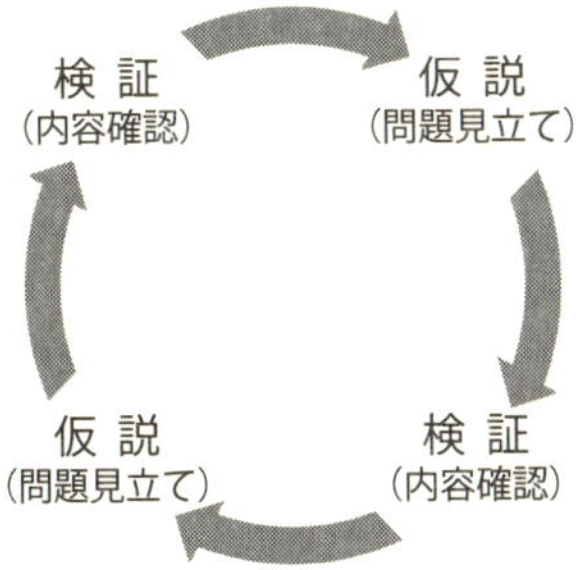

図　医療とコンサルティングの流れ

◆コンサルタントは泥臭い職業だ

筆者自身もコンサルタントというと、いい背広着て、さっそうと歩くイメージを持っていた。高給をもらっているだろうなあとも思っていた。要するに「格好よく」見えたのである。しかし、自分が実際やってみると労働集約産業的であり、体力を使うハードで、泥臭い仕事であることがやっとわかった。

ある顧客から「辰己さん、我々の職場では事務ミスが起こると影響が大きいのですが、こういうのは何とかなりませんか」とのご相談があった。

それで「そういうことをコンサルする仲間がいるので一度アポイント取らせて下さい」と言って別れた。さっそく、歳は若いが先輩コンサルタントのH氏とコンタクトし、それでお客さまのアポイントを取った。お客さまは主要メンバーを集めてくれて、H氏のプレゼンテーションを熱心に聞いてくれた。この日は、これで、お別れした。

すると追いかけるようにお客さまから、メールで契約書のひな型も持ってきてほしいとのこと。それで最終的に注文をいただけることになった。

さっそく、お客さまを訪問すると、相手の部署の幹部が揃っておられる。今回のコンサル導入に対する思いは大変熱い。何が課題で、どういうコンサルをお望みなのか、話を聞いた。熱心に、次から、次へという感じで議論が沸騰する。「我も」、「我も」という感じで幹部が話をされる。私は使いなれたモンブランの万年筆で、どんどん相手のお話をメモしていく。H氏も、間髪をいれずに次々と的確に質問していく。その日は、二時間近く議論して帰ってきた。

次の打合せの機会はすぐにきて、お客さまの応接室で、一日かけて四人を、それぞれ一時間半から二時間程度、インタビューした。私とH氏の二人で掛けあい漫才のような感じで次から次へと質問をする。H氏の質問の意味を考えながら、こちらもしっかりした問題意識を持って質問した。

お客さまのメンバーが社内に対する不満を述べる。

「あんな、ちゃっちいコンピューター・システムでいい仕事ができるわけがない」

「事務作業を他部署に投げ過ぎだ。作業の上流の人間が甘え過ぎている」

「手戻り作業のオンパレードだ。あれでミスが起きないわけがない」

「幹部は現場をもっと見て、しっかり仕事をこなすべきだ」などである。

応接室で座り机でないため、中腰でメモを取るようなことになった。物理的には大変で、すっかり疲れて帰ってきた。

H氏からは「辰己さん、議事録をお願いしますね」と言われていたので、自宅に帰って、夜半過ぎまで議事録をつくった。以前から議事録を書くのは好きな方であったが、疲れて帰って、好きなお酒も飲まないで、パソコンに向うのには抵抗感があった。「コンサルタントは体力勝負」なのだ。しかし、話している時は理解できたと思っていた会話も、文章に落として、あらためて読んでみると相手の思いや、言いたいことがさらに明瞭に伝わってくる。やはり、議事録づくりは有効だ。

また、お客様のところにうかがって、インタビューをした。何人もインタビューすると疲れもあるのだろう、つい本性が出てしまう。

ある人のインタビューが終わった後で、H氏が耐えかねたように、

「ちょっと失礼なことを言いますが、辰己さん、役員とコンサルタントとは立場が違います。辰己さんが役員をやっておいでになった時には、いろいろ議論すると勘もいいのですぐに結論に結びつけて議論されていたと思います。コンサルタントは相手の話の本質をよく聞いて、深く、深く探らないと駄目なビジネスです。すぐに結論めいたことを言うと、

相手は、『何でそうなるのだ。よくもわかってない癖に…』という感情になりやすいです。辰己さんの働いていた会社のことなら、辰己さんの方式で合っていたかもしれません。しかし、他のお客様には絶対通じません。また辰己さんがインタビューしている人に対して、上から目線での説教調になることがありますが、あれは、まずいです」との指導が入った。こうして教えてくれる人がいるというのはありがたい。

また、ある人のインタビューの後に二人が激論になり、ああだ、こうだ、と言い争いになった。たまたまお客さまがその会議室に入ってこられて、我々の沸騰していた雰囲気もおさまったが、二人は感情がもつれる寸前までいっていた。

H氏が言うには「コンサルの資料は何十年も残りますから変なものは出せません」とのこと。だんだんと仕事が煮詰まってきて、最終報告会を迎える直前になると、コンサルテーション・レポートを書くのに、夜も昼もない生活となる。H氏のプロ意識もあり、最後は修羅場である。「辰己さん、意見ください」と言うので、こちらもプロの事業家だ、がんがんダメ出しした。「なるほど、辰己さんの言うのが当っていますね」といいながら、H氏は報告書を修正していく。それでやっと報告書は完成した。

ポイントは、機械化が中途半端である。事務プロセスを一機通関で管理している人間がいない。「あいつが悪い」、「こいつが悪い」と言いあう組織だということだった。

数名のお客さまを相手にプレゼンテーションをした。お客様は、何度も「そうだ。その通り」という感じで頷いている。

H氏曰く「とにかくコンサルタントは、優秀なチーム員と組まないと話にならないです。辰己さんと私はいい関係だと思います。いい経験させてもらいました。またどんどん広げていきましょう。我々はいっぱいいいバリューを出せますよ。辰己さんとこういう形で仕事させてもらって最高です」とのこと。得がたい仲間だ。

その後、お客さまからお礼のメールが届いた。プロのコンサルタントのH氏と、事業家経験のある定年親父の筆者のコンビは、お客さまに役立ったのである。その後H氏と二人で食事にいったが思わず握手した。

コンサルタントはしんどい泥臭い仕事だったのであった。

失敗しない定年起業のポイント ④

■「定年起業の前に、考え方を整理しましょう」

　起業すると決めたら、自分の考え方を整理しておきましょう。いろいろ悩みが発生しても、自分で納得しやすくなります。

（1）自分自身を追いこまない事です

仕事がなくなっても、年金や蓄えがあるので、焦る必要はありません。仕事は「取れなくて当然」くらいに気楽に考え、無理しません。起業を楽しみ、ストレスをかけない事が重要です。

（2）定年起業のいいところを忘れないように

ローリスク・ローコスト収支で気楽に仕事ができます。他人に責任を負わされる事もなく、仕事で現役時代のスキルやノウハウを活用できる喜びがあります。小遣い銭も不自由しません。

（3）自分の居場所作りの基本姿勢の確認

自ら学び、楽しみ、仲間を大事に、長く継続することが一番です。信頼をつくる基本は、①相手を尊重する、②問題解決は自分の責任で、③約束やルールを守る、④自らよく動く、です。

（4）収支をきちんと試算してみましょう

支出は見えても収入は見えにくいものです。有望な案件、期待できる案件、チャンスなし案件などに分けて試算してみます。当面収入がなくて当り前だ、というくらいの軽い気持ちでいて、こつこつ着実に収入を増やして右肩上がりにしていくのです。

（5）プライベート・ライフを重視しましょう

家族、友人などを今まで以上に大切にしましょう。テレビを見てゴロゴロ、昼間からお酒を飲む、という自堕落な生活パターンにならないようにご注意。仕事をしてプライベートも満喫、というように、定年起業を、人生の一番楽しい時にできます。

失敗しない定年起業のポイント ⑤

■「個人事業主と法人の違いを、理解しましょう」

（1）個人事業主は無限責任ですが、法人は有限責任です

個人事業主が事業資金を借り入れると個人の借金と同じ扱いです。事業に失敗すると債務返済のために個人資産を手放す財産を手放す必要があります。法人は出資金や保証人としての分だけの責任です。

（2）契約や借金などの名義

法人は、会社として契約や銀行借入を行いますが、個人事業主は個人でそうした行為を行うことになります。

（3）税金が、法人と個人事業主では違います

【法人の主なメリット】

消費税は設立後最長２年免除されます。また課税売上が 1000 万円を超えるまで支払う必要がありません。欠損金（赤字）は最長７年間繰り越せるので、黒字分も赤字と相殺して超えるまで国税納付は不要です。つまり設立後すぐ黒字を出す必要はないというワケです。なお詳しくは税理士さんにご相談ください。

【個人事業主のメリット】

青色申告は税理士さんを頼まなくても可能です。赤字は最長３年繰り越せます。特別控除などは税務署に相談してください。

（4）社会的信用がつきます

一番違うのはこれです。法人でないと契約しない会社も多く、個人事業主のために限られた契約しかできない時があります。

（5）法人の設立費用と毎年の支出にご注意

法人の設立費用は 30 万円近くかかり、税理士さんを頼むと、その費用もかかります。個人事業主に設立費用はありません。

第五章

誰にもぶら下がるな、また鴨にもされるな

コンサルティング会社を設立すると言っても、自分ではやったことはない。しかも慣れない業界で厚かましくも「タッツ・コンサルティング」と名乗った。それでいろいろと営業活動をやった。やっている本人はしごく真面目だった。

しかし、誰でも、最初は、つまずきや面白くないことがいっぱいあるのである。やはり誰にもぶら下がらない、また鴨にもされないという、基本思想をはっきりしておいた方が、がっくりこないですむ。「定年親父」は「大手」、「外資」、「外人」というフレーズに弱い。しっかり自分を見定めることが大切だろう。

◆大手コンサル会社は信用するな

大手コンサル会社は、とかく格好いいバター臭い人種の会社であると思っていた。しかし、意外と信用できないと思わされた。

とある大手のコンサル会社の顧客紹介を手伝った。最初は、「投資」ということで、何の見返りも期待せずに、自分の時間をさいた。しょっちゅう電話がかかってきて、「辰己さん、いつ、いつ、お会いできませんか」と毎週のように会おうといってくる。ホテルのラウンジに呼びだされる。自分の会社には呼ばないのだ。なかなか正式に文章で契約しない。それでメールや電話でいろいろ相談や依頼がくる。いろいろな重要人物とのミーティングもアレンジする。

しかしだんだんとバカらしくなってきた。なぜ、何の見かえりもないのにこうして一生懸命動いているのか。できたばかりの会社にすぐ口座を開くほど、どこの会社も甘くないのが現実である。しかし、そろそろ考え方を変えようと思った。

世の中、定年になった人のネットワークを、営業活動の一端として安く使う会社もある。定年になると働き場所がなくなるので、定年になった人たちは妙に卑屈になる。それでついつい相手の言うとおりに動きやすい。

たとえば、月給二十万円だとする。それで朝から晩まで営業活動だ。自分の元いた組織を重点的に回らされる。いわく「あんたの元部下から注文とるくらい、ちょろいだろ」と。やっとの思いで、何件か注文にありつく。元部下の迷惑そうな顔を横目で見ながらである。それで、もう回るところはまわりきったなと思われる頃に、辞めさせるというものだ。こういうのには少なくとも自分はかかわりたくない。そうした会社にうまく相乗りされない、利用されないでいようと思った。

付きあっていた大手コンサルティング会社も、最初の二～三カ月は交通費もでない。営業活動しても何も出ない。もちろん書面の契約もない。ただ、相手の都合だけを考えた秘密保持契約だけは締結する。そのうち交際費を一カ月五万円使ってもいいとのこと。すると今度は月十五万円三ヵ月間出すので、使っても、自分で取ってもいいとのこと。同時にタクシー券を一枚、万が一の場合にということで渡された。それではということで、交際費を三万円ほど請求したらなかなか精算しない。

少しバカらしくなってある夜に酔っぱらった勢いで、

「会社対会社で、正式な契約をしてほしい」

「ちゃんとした契約金額を出してほしい」といってしまった。

すると「いろいろ議論もしましたが、辰己さんのいうことは会社として実行不可能です。今までいろいろありがとうございました」とのこと。

あまりのバカバカしさに唖然とした。

同時に早く決着して良かったとも思った。

先輩コンサルタントの仲間のH氏と話をすると、「最初からお金を出すと考えていなかったかも知れませんね。あの会社はフリー・ライド（営業活動をただでやらせる）で悪名が高いですよ」とのこと。

本当かどうかはよくわからない。しかし、仕事を気持ちよくやらないと定年後は意味がないように思った。

私の紹介から中国の案件で大口のシェアード・サービスの契約案件が取れた。それでこの大手コンサル会社の役員が個人でやっている会社も動きだした。最初の話では、私に口銭がでるとのことであった。付きあいをやめたといっても、自分の権利でもあるので、「この契約の仲介手数料を楽しみにしています」と手紙を書いた。すると何となく支払ってくれる雰囲気がした。嫌がられない程度でフォローすることにした。

ただ全体的に、米系コンサルティング会社や、そこで働く人というのは、自分が歩いてきた世界とはちょっと違うなと思った。

会社の住所を貸してくれていたSE派遣会社の友達にこの話をすると、「甘い。甘い。喧嘩しようが、何しようが、またへらへら付きあって情報収集なり、今後のビジネスに繋がるようやっておいた方がいいと思うよ。大会社で働いていた時はふんぞり返っていても良かったが、今は違うだろう」とのこと。

「へえ、そんなものだろうな」と思わされた。

これも勉強であった。

また仲直りして、実際にこのコンサル会社関係で「顧問」として働くことになった。

すると

「これは筋違いだ…」

「あんた何を聞いていたんだ」

「こんなことをしてくれては困るだろう」

「何をやるのか報告してよ」

「資料の取り扱いは注意して、情報をもらさないで」

「自分のもといた会社だろう。誰かに命令して注文でも出させなよ」

などと何だか知らないがどんどんと嫌みなメールがくる。

それで「契約内容も不明なので行き違いが起こる。きっちり契約しましょう」と提案すると、

「契約はさておき、こういうことは常識でしょう。常識！契約以前の問題だよ…」などと、またまた嫌みな回答がくる。

最初は契約締結や契約金額の支払い遅延は、管理部門が中国にあり、事務作業が遅れているのではないかと思っていた。しかし、大口の案件がぶらさがってくると、

「顧問料はいついつの月末に払います」

「前の交際費もいつ払います」と大口案件の顧客と会う日より、若干遅いタイミングでの支払日をいってくる。

ただし、私が仲介して成立した中国のBPO案件の口銭支払となると、

「貢献度で決めましょう」と出し渋る。

あれだけ最初は「辰己さんは顧客を連れてくるだけでいいです。後は私が全部やりますから。それで利益を山分けしましょう」と言っていたのがどこへいったかのような雰囲気となった。

とにかく正式契約をしない。契約金額を支払わないという、くり返しである。H氏にも話をすると「それはよくある手です。泣かされた人はいっぱいいますよ。あの会社は評判悪いですよ。さんざんやらせるだけやらせて支払わない。あまりもうかかわらない方がいいですよ」との忠告。支払時期になるといっぱいトラブルに引きこんでうやむやにするらしい。

世界に冠たる会社なのでと信用していたが、これがもう潮時だと思った。自分の知りあいの顧客を紹介しなくて、よかったと思った。信用を落とすところであった。

定年社員に、相手から寄りついてくるところは要注意である。

現役時代は主に営業管理の仕事をしていた。それで営業さんには「書面で契約しないとダメですよ。代金はきちんと回収しないと本当の営業とは言えません。代金回収しない仕事は営業活動ではなくて、寄付行為ですよ」などといっていたが、自分がそういう最悪のスキームにはまっていたことになる。

やはり定年後はいい仲間と楽しく仕事をしないと何のために仕事をしているのかわからないことになる。本末転倒である。大変いい勉強になった。

そうするとまた大口案件がぶら下がってきた。それで、この米系大手コンサル会社が「顧問契約」をしようと持ちかけてくる。それで契約を書式で準備して、こういう条件でやりましょうと、常識的な線で提案すると、

「丁寧なご提案ありがとうございます。幹部も含めていろいろ内部で議論しましたが、顧問契約でお願いします」と三カ月単位の契約をいってきた。私の提案はまったく考慮していない。

またH氏に話をすると「ひどい会社ですね。かかわらないことですよ」とのこと。それで結局「もう止めましょう。中国のＢＰＯ案件も含めてすべて清算しましょう」と連絡すると、まったくなしのつぶてである。

大きな会社だと安心していたが、つまらないことをする会社だとあきれてしまった。

世の中いろいろな会社がある。外資系は成績、結果に厳しい。中には結果さえ出せば、あとはなんでもやっていいと思っている人もいるのだろう。それでこういうことになるのだろうと思った。

世の中、意外とコンサル会社に対して厳しい人が多いが、こういうコンサル会社の類が

跋扈《ばっこ》しているからではないか。若い社員に、定型化された情報の入っているテンプレートを渡して、顧客先で仕事をさせる。それで食い散らかしてさっと引き揚げるが、お金はちゃんと取ってくる。顧客は何だかもっともらしい提案は受けたが、仕事としてはものにならないということになる。こういうコンサルでは評判がよくないのは当たり前である。

お客様に評価の高い仕事をして感謝される。それがコンサル業界もサービス業なので当たり前のはずである。これがなされない場合が多いのではないか。すると不景気になるとお客もおいそれとはコンサルティング契約をしない。それで大手のコンサル会社さえも仕事の確保で大変となる。

まして私のような人間が注文を取るとなると、一筋縄ではいかない。どう信用を勝ちえるのか。そういうのは定年起業コンサルタントの大きなハードルである。しかし、始めたかぎりはやるしかないというところであった。

いずれにしても、世の中のコンサルテーション業に対する風あたりは厳しい。景気のいい時期に手抜きしたコンサルティング会社が多くて、そのしっぺ返しを市場にされている状況である。

本当は、こういう時期だからこそ、優秀なコンサルを雇って、早く事業を再生するのがいい経営だと思う。しかし、目先の経費節減に追われるのと、過去の苦い体験がコンサルティング活用を避けてしまうのであろう。

顧客も、コンサルタントも、共に不幸な時代ではないかと思う。こういう状況だからこそ、いいコンサルとして這いあがるのが大切だと思う。

後日談として、中国のＢＰＯ案件は結局考えていたほど、注文は取れなかったらしい。それで剛腕コンサルタントも収益がなかったということである。あのまま、ずるずるといかなくて、本当に大正解であった。それまでは「あの中国案件は、コンサル会社にうまくやられて悔しい」という思いを引きずっていた。しかし、これで少しは溜飲が下がった。

同時に剛腕コンサルタントが、私となかなか契約しなかった気持ちもよくわかった。剛腕コンサルタントでも商売はそんなに甘くないのである。

定年親父はブランドに弱い。大手コンサルティング会社となると、ころりといってしまう。相手も商売である。そんなに簡単に定年親父を処遇するはずがない。「甘い話には裏がある」である。大手は信用しない。ぶら下がろうという甘い気持ちも起こさない。また、信用し過ぎてカモにもされないことだ。

◆外国人起業家は気分屋が多い

外国人が日本で、無理して日本語でビジネスやっていると、もの珍しくて、ちょっと付きあってみようとなるだろう。しかし、相手も厳しいビジネスで生きているのである。そんなに簡単につきあえない。甘くはないのだ。

ある三十歳過ぎのアメリカ人がスピーチの訓練をしている会社を経営している。その会社とは以前の職場で取引があったので連絡してみた。昼のイタリア料理店でランチ定食のパスタを食べながら、白ワインを二人で一本空けた。相手は日本語ペラペラで、話をしていると「自分のお父さんは芸術家であり、散髪をしないし髭もそらない」といいながら家族のスナップ写真を見せてくれた。奥さんが日本人で優しそうな人だった。

「いっしょに連携して仕事やろう」と持ちかけると、あっさりと了承してくれた。しかし、条件があるという。まず英語をチェックするから、自分の会社の外国人講師と会ってくれとのこと。さっそく日程を決めて、言われたレンタル・オフィスにいくとイギリス人が待っていた。英語で話をするところをビデオで撮られながらチェックされた。一時間後には、「こうすればいい」、「ああすればいい」といろいろ助言をしてくれた。

「なるほど、こうすれば英語力は上がる」のかと思わされた。アメリカ人社長は、これだけでは許してくれなくて、今度はこのイギリス人と、もう一人のアメリカ人がやってきて、二人で私を訓練してくれた。

「ハイ・コンテクストな国民性とロー・コンテクストな国民性があります。日本人は余りはっきり言わなくても、以心伝心というのがあるが、欧米ではいちいち口に出して言わないと通じませんよ」とのこと。

ハイコンテクストというのは、言葉で言わなくてもわかりあえることで、農耕民族に多いらしい。日本人はこれに該当する。一方、欧米人はロー・コンテクストで、言葉に出して言わないとわかりあえず、狩猟民族に多いらしい。

単なる英語の勉強というのではなくて、国際的な場面でどう議論を進めるのかをしっかり教えてくれた。こちらは大学で英会話クラブに所属していたし、海外留学もした。海外駐在もアメリカで数年やった。仕事で英語もよく使う方であったが、今回は、英語では、こう議論するのだと思わされた。

二つ目の条件は、この会社が開催する無料のセミナーに参加することだった。さっそく六本木ヒルズで百人くらい集めてやっているセミナーに参加した。一流会社からの若手社員や教育担当の人が集まっていた。中には日本語が流暢《りゅうちょう》なイタリア人女性や、帰化して日本の証券会社に勤める中国人女性もいた。おそらく全体の一割くらいは外国人だったろうか。ユニークな集まりであった。

参加者の平均年齢は三十歳を少し下まわる感じか。自分の子供達のような年代の人と対等な関係で、演習問題をやり、議論をする。相手にとって、私は父親のような感じであろう。年齢は関係ない世界である。こういう人達と議論していると、若返りの効果が期待できる。これはまた会社の役職から解放された、メリットの一つではないかと思った。

また業界がまったく違う人と会うのもいい。同じ業種では、いつも同じ議論をしていて発展性がない。余談であるが、中には高級ステーキ・チェーンの経営者の方がいた。この方に「あなたからいただいたお名刺を見せると、少し値段を引いてくれますか」と聞くと「もちろんです。事前に連絡くれれと、支配人に言っておきますから」とのこと。レストラン業界にはにこやかで柔軟性がある人が多いと思った。

　このセミナーはアメリカ人社長と、この会社の日本人幹部の二人が必死になって運営していた。もちろん参加者の多くが日本人であり、日本語のセミナーである。こういうのを毎月やっているとのことで、そのエネルギーに驚かされた。ワンパターンでなくていつも違うテーマでやっているらしい。

　こういうセミナーで集客して、ビジネスに繋げている。立派なものである。外国人講師も二十人くらいプールしており、いつも社長も含めてあちこちと出かけてレッスンをやっているとのこと。

　よく働く集団でもある。仕事もいつまでも同じパターンではない。いろいろと顧客のニーズに合わせてタイムリーに変化してやっている感じがする。

　この社長の口癖は「NANTOKANARU（なんとかなる）」ということである。それで携帯電話にこうしたメッセージを入れてきてくれる。落ちこんでいると妙に納得感があった。また、時には「ぬれ落ち葉（粗大ゴミ）にならなくてよかったですね、」といった辛口のメッセージも入ってきた。ユニークなうれしい仲間であると思った。話をすると、視点が違うのでいろいろと参考になるのがいい。仕事仲間もダイバーシティーの時代である。

ある朝、この社長から明るい声で電話があった。最初はフレンドリーな感じであったが、「辰己さん、あれはマナー違反です。なんですか！セミナーの参加者にメールして役員のアポを取ってくれとかなんとか。この業界ではあり得ませんよ。タッツとは合いませんね。もうセミナーにはきてもらいたくない…」と目いっぱい、怒っているトーンであった。

こちらは何の話をしているのか、何に怒っているのかさっぱりわからない。何だか変だなあということで、さっそく先輩コンサルタントのH氏にメールを打つと、すぐに電話を返してくれて背景を説明してくれた。要するに同業のセミナーにいって、お客を取る行為をしたということらしかった。

たまたまこの社長のセミナーに、私の知っている会社の人事女性主任さんがきていた。この会社の常務さんが友人であるので、メールでその友人のアポイントをお願いした。メールは、アメリカ人社長にCCを入れておいた。これが頭にきたらしい。

その日、コーチング会社のTさんから電話があった。海外の学会で発表を予定しているお医者さんがいて、ネイティブの家庭教師を探しているので、これをアレンジしてほしいとの連絡を受けた。これは、アメリカ人社長との初のビジネスとなる可能性があった。それで、メールを打ったが、連絡がない。

H氏にそうしたことをメールで相談すると、「ちょっとビジネスに焦っていますね、そのアメリカ人は。自分の領域が犯されたと変に考えているのでしょうね。あまり真剣に深追いする必要はないかもしれないですね」というようなアドバイスがあった。H氏の話を聞くとすっかり落ちついた。

その後、このアメリカ人社長を紹介した教育会社の大きなセミナーに、このアメリカ人社長が講師で登壇していた。「待てよ。最初に、この会社にアメリカ人社長を紹介したのは、たしか俺だよね」とふと気がついた。私が紹介したからという理由で、その講師の仕事にありつけたということではないだろうが、最初に紹介したのは、私なのであるから、一言くらい礼をいうのが普通だろう。最初は、最初だ。世の中、アメリカ人、日本人を問わず、あっぷあっぷしていてまわりがよく見えないことがある。しかし、だからと言って「不愉快さ」をまき散らす必要もないだろう。こうした「不愉快」な人間には近づかないのにこしたことはない。こちらまで「不愉快」になり、寿命が縮むのだ。

日本人は外人に弱い。

すぐに、でれでれするものである。

外人だって、日本で仕事をするとなると必死だ。簡単な世界ではない。ぶら下がろうなどとは思わないことだ。

◆ヘッドハンティング会社にも行ってみた

ヘッドハンティング会社との付きあいも、中高年には厳しい世界である。あまり期待しないほうがいいだろう。

知人が派遣の仕事をしていて、それで「辰己さん、ヘッドハンティングの会社に登録しておきませんか」との話があった。この知人とは以前から、時々話していたが、「辰己さんは英語もできるし、海外勤務もあり、外国の企業との合弁会社でも活躍され、財務関係のプロです。いろいろチャンスがあると思います」といわれていた。ただ、「もう少し若ければパーフェクトですね」ともいわれていた。

しばらくすると本当に大手のヘッドハンティグ会社から連絡があり、出かけていった。東京駅の近くのモダンなビルに、その会社はあった。筆者くらいの年代の人達をたくさん見かけた。

担当の部長さんが面接してくれ、「そうですか、そういうご経歴ですか、現在のご収入はいくらくらいですか。そうですか、そんなレベルの収入は期待できないかもしれませんが、どこか仕事のチャンスがあると思いますので、履歴書を作ってくれませんか」ということになった。そこで、会議室でパソコンを渡された。このパソコンが使いにくい。文字の変換が容易ではなかった。

やっとの思いで履歴書を作って帰ってきた。すると二、三日たつと連絡があり、話がしたいとのことであった。こういうオファーが来ていますと説明してくれたが、比較的大きなオーナー会社だった。また給与も定年親父には悪くはなかった。

「ぜひお願いします」といっておいた。

同時に、そのヘッドハンティング会社の人に、「埼玉のちょっと先の、こういう監査役や、金沢の従業員数十数名の会社の社長の案件がありますが、どなたか知り合いで、合いそうな人がいませんか」とのことだった。

「探しておきます」といって帰ってきた。

それで、今回紹介された会社がどんなところだろうということで、外から見にいった。なかなか大きなビルだった。「まあいいかあ」などと思っていた。すると、ヘッドハンティング会社から、「相手の会社から、こういう問い合わせが来ています」ということだったので、聞かれたことに対して回答しておいた。

何日かたってヘッドハンティング会社から連絡があり、「辰己さん、今回はうまく行きませんでした。一度また会社に来てくれませんか」とのことだった。

「ちょっと残念だなあ」と思いつつ、東京駅の近くのモダンなビルを再訪した。すると、「辰己さん、この度は残念でした。それから埼玉の監査役の口も、別の人が決まりました。金沢の社長をやりませんか」とのことだった。

「いやあ、遠いし、単身赴任になるでしょうし、今回は無理だと思います」と適当に答えておいた。

実際に遠いし、収入も、その時点の仕事をすべて投げ打っていくほどのレベルでもない。なかなか、厳しい世界である。また、ヘッドハンティング会社は、マッチングが成功してナンボの世界である。次から次へと案件を出してくるが、本人のニーズに合おうが、合わないがお構いなしで、成立さえすればいいという感じがした。定年親父は、あまり、ヘッドハンティングの会社に期待を持たないほうがいいだろう。

失敗しない定年起業のポイント ⑥

■「会社の設立手順を、頭に入れておきましょう」

会社設立は、悩むほどの作業ではありません。以下に簡単に書きますが、会社設立の本を読めば、誰でもわかります。

(1) 発起人を決めます

自分で自分の会社を作るので、自分を発起人とします。

(2) 会社名と、会社を登記する住所を決めます

できるだけ自宅は避けましょう。バーチャルに住所だけ貸すサービスは結構あります。月々わずかなお金でＯＫです。

(3) 印鑑を発注しましょう

絶対に必要なのは会社の実印だけですが、領収書などに使う角印や、会社名・住所・電話番号などのゴム印や、実印とちがう銀行印は、あると便利です。３万円あればだいたい揃います。

(4) 資本金を決定します

１円からでも可能ですが、あまりに少ないと対外的に印象が悪いので、100万円くらいが妥当なところでしょう。

(5) 定款を作成しましょう

インターネットでサンプルを調べて作成できます。

(6) 公証人役場で定款の認証を受けます

各地にある「公証人役場」という所で親切に教えてくれます。公証人の認証手続の手数料や、収入印紙代がかかります。

(7) あらかじめ決めた銀行口座に、資本金を振り込みます

(8) 登記申請

法務局に、認証された定款および出資金が振り込まれた銀行預金通帳のコピー、会社印鑑を持参して、「設立登記申請書」を作成し登記します。登録免許税は15万円です（平成24年時）。

第六章 定年親父のビジネス・モデル

いろいろ定年起業の苦労話を書いてきたが、努力すればいいこともある。チャンスがない、と思いこまないことが大切だ。「幸運の女神」の後ろ髪は短い。自分の目の前を「幸運の女神」が通りすぎれば、なかなか再び幸運のチャンスはめぐってこない。まずは、前向きにチャンスを取りにいく姿勢でいることが大切だ。

自分は、何もできないと思いこまない。何ができるのか棚卸する。それで、自分なりの事業計画を立てる。お客様の話を聞いて、戦略を練りなおす。そうすれば「幸運の女神」にめぐりあえて、何らかの仕事を確保できると思う。現役時代の延長線で、何をやるのかよく考えることだ。

それでは、筆者の現在の主力ビジネスであるが、**①こまごま何でもこなすコンサルティング**、**②「ビタミンI（愛）」いっぱいの講師業**、**③仲介ビジネス**の三本である。H氏との本格的なコンサルテーションも展開した。この仕事を増やしたいが、まだまだ主力ビジネスとはなっていないのが現状だ。

今は、ビジネスとしての土台ができたので、これからも果敢にいろいろなチャンスを追いかけたい。

◆「安い！」「便利だ！」の何でも屋スタイル

　コンサルタントも医者と同じで、専門医よろしく、人事なら人事を得意とする。一方、ホーム・ドクターよろしく、ちょっとしたことなら何でも解決してくれるコンサルタントがいる。筆者は、このホーム・ドクター系の仕事が好きだ。このビジネスは、現状毎週二日ほど展開しており定年親父ビジネスの土台となっている。

　昔の仲の良かった知人の従業員二百名くらいの会社でコンサル契約をいただいた。地味な職種で、情報調査の仕事や、事務を担当するというものだった。情報調査はベテランの元エンジニアや研究者。事務をとるのは、女性社員が多い。

　情報調査の仕事は一日中パソコンと睨めっこして、データをチェックする。それをまとめて報告書にする。お客様側にとってはそうしたサービスは当たり前のこととなり、いい仕事をしても理解されにくい。しかし、間違った内容の報告書を書くと、批判の的となる。

　事務の仕事も一歩間違えば、大きな問題となる可能性がある。こちらも事故が許されない。間違わないのが当然の世界である。ヒューマンエラーが絶対に許されない仕事で、間違うとリカバリーのきかない仕事だった。それで、調査も、事務も、いわゆるほめられにくい職種ということだった。

このような現場の人に何人も面談して聞けた本音を報告した。何しろ「定年親父」は聞き上手なのだ。「みんな真面目にがんばっている」、「いい会社で働けてうれしい」、「ちょと、忙し過ぎる」、「この会社は、利益を余り出さない方がいいと考えている」などである。これらを意外と幹部は知らない。「そうですか、いい会社だと言っていますか。そうですよね」と安心もするし、「我々の真意も余り理解されていない場合もありますすね」などと反省もしていた。「辰己さんは、本音を引き出すのが上手いですね」とのコメントをくれた。

組織の横の繋がりが悪くて、どこの部署が何をやっているのかわからないということになっていた。お互い自分の仕事に夢中で、他人の仕事には無関心なのだ。これでは会社全体としてのパワーが落ちる。そこで、部長教育を実施してもらった。つづいて、課長クラスや主任クラスのリレー形式の研修会を実施した。「いい会社にしよう」という雰囲気が大きく盛り上がったのは言うまでもない。人の「やる気」を出すと言うことは、簡単には実現しない。それが研修会で実現できれば安いものだ。結果、複数の事業部門が協力して仕事を取ってくることも増えた。組織の横の繋がりが重要だったのだ。

そうこうしていると社長から「いろいろいい仕事をしてくれてありがとう。週一日とは言わずにもっと出てきてくれませんか」とのお話があった。こんなことを言われると、ますますもっと一生懸命サポートしたいと思わされた。やはりこのような雰囲気でコンサルタントを使ってくれると、やる気が倍増する。コンサルタントでも、何でも人の使い方次第だ。やはり相手がやる気になるかどうかがポイントである。ここの社長さんは、よく人心把握を心得ておられると感じ入った。

また、顧客満足度（CS）向上について、以前勤めていた会社の部長さんにCSセミナーの講師できてもらった。社長始め幹部も参加した。講師曰く「トップダウンが重要です」とのこと。要するに社長が必死にならなければ進まないということだ。以来、社長がCS向上運動の先頭に立たれた。部下もついていくのに必死の形になった。元スチュワーデスが先生を勤める接遇教育を始め、ポスター作り、ご不満なお客様訪問など迅速な行動だ。一年もすると競合会社九社のうち、顧客満足度が一番になった。それまでびりか、びりから二番目が定位置だったのを考える快挙だ。まだまだ改善するべきことが多い。また、この一番をキープするのにも努力がいるだろう。しかし、お手伝いして、結果がでることは、コンサルタント冥利につきる。

ある日、この会社が親会社の監査を受けることになった。こうした準備に手慣れている人が少ない会社で、私も側面支援することになった。まず、監査官の面談を受ける人の教育である。事前に説明資料を準備するが、これがなかなか上手にまとめ切れない。それで資料作成のお手伝いをする。次は、質疑応答のし方である。これも慣れない人には厳しい。それで模擬的な練習をするのであるが、私が監査官役でやってみた。受査予定者が言わなくてもいい事を言ってしまう。まずは「イエス」、「ノー」で答えればいいのを長々と要領得ずに説明してしまう。こまかな課題がいっぱいあった。いずれにしてもいい準備ができて、監査も無事乗り越えた。

担当の管理本部長さんから「辰己さんのバック・アップが良かったのでボーナスを出したい」とのこと。経理部長と相談すると「今の契約では支払えない」となった。それは当り前だろう。一日いくらということで働いているのである。その月は結局、この監査の準備で従来の日数より多く働かせてもらった。それで料金を少し多めにいただけた。ボーナスの話をしていた本部長さんに事情を話して「私としては大変満足している」とお伝えした。「ボーナスを本当に、もらわなくていいのか」ということで不思議そうな表情だった。

しかし、こういう心配りをしてもらうだけで、こちらは大感激というものである。

今度は、いよいよ業績が大ピンチだとなった。さっそく、資料を作って、関連する部長さんと深く議論する。社長に、いっしょに報告して何度も議論した。部門に目標を立ててもらって、業績確保するのがポイントだ。現状、「危機感」あおりで必死のサポートだ。どんな会社も、大なり小なり、次から次へと課題が発生するものだ。それを定年親父は、スイスイとこなせるのだ。社長さんからは「ブレーンとしていろいろお願いします」といわれている。

経理部長からは「辰己さんのフィーは安い。倍くらいが普通でしょう」と言われ、総務部長からは「辰己さんは何でも知っているので超・助かります」と言われている。現役時代に汗と涙で、何年もかかって培ったノウハウを妥当な値段でお世話になった会社に提供しているということだ。苦労して得たノウハウを定年したら「お蔵入り」ではもったいない。日本の定年者のスキルをいかに妥当な値段に世間に役立てるのか、これからも課題だ。

いずれにしてもコンサルタントは何でもこなさなければならない。とくに、中規模の会社では、ちょっとした専門的なことがわからない場合がある。大きな組織に居れば常識的なことも、実現しにくい場合もある。また、人員が限られているので、ルーチン以外の仕事がやりにくい。それで動きが遅くなりやすい。こうした場合、「定年親父」の現役時代に培ったノウハウや人脈が活かせる。経営スキルの「ひきだし」多いのが、「定年親父」の強みだ。それにマメに、マメに、こまごま、こまごま、フットワークよく動く。現場の部長クラスの仲よしパートナーとなる。「定年親父」は「何でも屋」が得意中の得意である。

◆「ビタミンI（愛）」いっぱいの講師業

講師業も定期的にこなしている。またスポットでも何件か話がきた。やはり定年者は、ものしりなので、講師業は適任だ。時には厳しく、時にはより納得感のある講義ができる。後輩思い、社会に還元したいという思いの、いわば「ビタミンI（愛）」がいっぱいなのだ。

しかし、いつも同じことをいっていたのでは話にならないと考えている。やはり、つねに勉強し、また最新の情報を集めて、自分なりに消化して講師業に活かして行くべきだ。これをおこたると講師業は成りたっていかない。

営業活動に寄った研修所の社長に再度アポイントを申しこむと、会ってくれた。だんだんこちらも手慣れてきて、何に相手が困っているのか集中的に聞くことにした。そうすると、経営教育で受講生に経営の疑似体験させるコースがある。そこの講師がシニアー社員であり、かなりご高齢とのことで、後任候補を探している。

「辰己さん、まだ正式に言えませんが、講師やりませんか」とのこと。

こちらが断る理由はまったくない。クライアントから依頼されれば、何でもやるのがコンサルタントであろう。日本人受講生にも講義をするが、英語で外人も含めた講義もあるらしい。こういうのはおもしろい。また自分の会社をPRする時に、この研修所でも講師をやっているというのはインパクトがあるに違いない。

社長の不満は、「たとえゲーム形式であっても、倒産したら、それなりに責任を感じてほしい」ということであるが、参加者はみんなケロッとしていて「シビアーな現実の経営感覚を味わっていない」ということだった。コースの最終局面でバーチャルな株主総会をやる。社外役員がいるわけでなく、ポイントをついた議論もされないらしい。これでは真剣味がない。

しかし、株主総会を仕切ったことがない人間が講師をやっても、本当に臨場感のある指導はできない。やはり経営者側で仕事をしていた者が、こうした場合、講師をする必要がある。幸い、「定年親父」は、そうした経験者だ。お役に立てるのである。

さっそく、コースを見学することになった。研修所にいってみたが、築後五十年くらいたった施設で、何年度の受講生記念植樹など大きな太い木々が点在している。その歴史の重みを感じた。この施設を造った時の会社経営者達の気概が、十分に伝わってきた。また記念植樹を見ていると、ここで研修を受けた人達の熱意や、将来に対する開拓者の気持ちが漂っていた。

事務局の方に、講義の仕組みを教わった。コンピュータに経営陣となったチーム五つが判断した経営数値を打ちこむ。すると対戦相手の数字や、市況のデータと連動して、自動的に業績数値がはじき出される。必ずしも現実にある環境と同じではないが、よくできた仕組みであった。

別の機会に、全世界にからきた外国人中心の研修も見学させてもらった。アメリカの有名大学の先生などもわざわざ出張してきて教えていた。受講生の中にはインド人もいて、しょっちゅう質問をする。しかし、先生もちょっと聞きとれないくらい訛りがきつい英語である。自分が外人を教える時は、どう対応しようかと思いながら見ていたら、アメリカ

人先生は、

「もう一度言ってくれませんか」と言っている。

「そうか、そうか、百パーセントわからなくていいのだ」と思うと安心した。アメリカ人先生のやり方で進めればいいのである。わかったふりをしないことだ。

また、アメリカ人先生のボディー・ランゲージや、言い方とかを注視した。やはり、場馴れしていて、大変スピーディーに授業が進む。ノートにいっぱい、そうしたやり方を書きとめたが、それにしても久し振りに英語での授業を、丸一日聞いたことになる。内容的にも大変参考となり、授業料を払わなくてならないくらい勉強になった。

海外からの受講生と、食事時などに、なにくれなく話してみた。定年親父の英語も通じて、スムーズなコミュニケーションが取れる。これなら「定年親父」でも講師になれると思った。

私に与えられる講義には、以前はアドバイザー的なOBがついていた。この先輩アドバイザーの仕切り方をよく見させてもらった。現役時代は、人事総務や購買の仕事をし、タイやアメリカの会社に社長として赴任して、会社の再生を果たされた方だった。最後は業績不振の日本の子会社の清算をした人で、いぶし銀のような「侍」経営者の雰囲気が漂っていた。この教育で主にどういうことを教えるのかとたずねたら、

「将来は経営者になる人達です。その覚悟を持ってもらわなければならない。講義では急に経営をやらされた形になっているが、将来本当に急に経営をやらされる可能性はある。急だから、経理はわからないからなどとは言えない状況になる。そういう場合に備えて、覚悟を持つ訓練になればと思います」

「それと経営者は相当なストレスにさらされてストレスの固まりになる。そういうことに対して、自分を鍛えておけというのを教えたい」とのこと。また、

「自分はもうこの教育を幹部に頼まれて四年半くらいやっている。そろそろ自分が経験してきた時代背景が、今の時代に合わなくなりつつある。また受講生との世代が違い過ぎてきたので、今年いっぱいでやめさせてほしいといっています」とさばさばされている。スカッとした先輩であった。

最終的には、再度この研修所の社長さんと会って仕事の内容や、いつからやるのか、契約金額はいくらなのかを決めさせてもらった。社長さんから「どういう考えで講義をやるのか」との質問なので、

「単なる講義でなくて経営を教えたい」

「一生懸命やって、会社に恩返ししたい」などと言ったら、

「講義以外でもいろいろ気がつかれたら教えてください」とのことだった。

いい仕事に巡りあった。できれば長くやらせてもらいたいと思った。優秀な人達に教えるのであるから、「定年親父」もかなり勉強しないと駄目だろう。また自分を鍛えるチャンスでもあると思った。

こうして研修所の講師業も始まって、何十回も、やらせてもらった。「厳しさと、ユーモアーが適度に混ざっていて大変いい講義だった」とか「今までの人生の中で、一番いい研修だった」など、少し「よいしょ」風であるが、好評をいただいている。もちろん、厳しいアンケートの回答もあるが、アンケートはいつも丁寧に読ませてもらっている。それを活かして、改善すべきところは、改善してきた。また、研修生はお客様だという意識で、食事の時や、講義の合間に、できるだけ多くの受講生とコミュニケーションをはかる。意思疎通を充実するよう努力している。

食事の時に、それまで面識のない受講生のグループの中に入る。それで会話を始める。

まずは「どういうお仕事をされていますか」という内容からスタートする。するといろいろな会社全体の現場の生の声が聞ける。部長クラスがきているので、当り前といえば当り前であるが、これが結構勉強になる。同時に、読書量も以前より増えた。教えていて気がついたことはどんどん調べて講義に使う。

講師業はほっとけばすぐに賞味期限切れとなるのである。貪欲に情報を集めて、勉強する。すごく偉くなった友達の幹部とは、食事もいっしょにする機会を作る。それでいろいろ考え方を聞きだす。これも講師としては、お客様が何をお考えになっているのかを知る貴重な機会だ。「あのなあ、辰己…」と相手もどんどんしゃべってくれるのはありがたい。相手も、私の突っ込みを聞いて、頭の中を整理するのに役立てているはずだ。

この研修所の講師をやっているということで、「箔」がついたのか、また別の講師業の話がきた。

会社の同期の仲のいい友達が早期退職して、千葉県の大きな病院に事務長として転職している。病院・老人ホーム・リハビリなど総合的な医療施設で職員数も約五百名と大きな組織である。この友達から、「研修所の講師やっているんだって。管理職教育の講師をやらないか」とのお誘いを受けた。

さっそく出かけていった。どういう教育のニーズがあるのか、また医療の世界の現実はどうなのか、この医療施設の抱えている問題は何で、将来どういう方向に進もうとされているのかなど、話を聞いた。もちろん、定年親父にとって病院のことは未知の領域であり、勉強するべきことが多い。友達がいろいろ情報を提供してくれた。また全国の有名病院のホーム・ページを開いて分析する。病院関係の本も買ってきて勉強する。また、ベンチ・マーキングで慈恵医大や東邦大学病院に行って、看護婦長さんに面談してきた。他の病院組織にも知りあいがいるので、訪ねて病院の抱える問題やその解決方法を教えてもらってきた。何度も研修資料を作りなおし、事務長の友達の厳しい意見を聞いて、やっと研修用のパワーポイント資料もでき上がった。講師業はお客様に合わせて勉強しないと、つとまらないのである。

その病院に行ってみると、受講生は管理・監督職ということで、看護師や介護士たちだった。普通の会社の主任さんか、課長さんになりたてのような年代の女性が大半だった。四〜五名の四つのチームに分けて、私が経営のポイントとなることについて説明した。それについて二〜三十分議論してもらい、その内容を発表してもらう。それでまた私がコメントする形式である。ＣＳ（顧客満足度）の上げ方、ＥＳ（従業員満足度）の上げ方、バランス・シートのポイント、売上拡大について、経費削減について、この病院の事業戦略のポイントなどを丸一日かけて講義した。

病院という職場は、もちろん、病人や老人でいっぱいであり、亡くなられる方もいるわけで、厳しい環境の職場である。また、手術となると十時間くらいにも及ぶ場合もざらである。それで医者も含めた医療スタッフは、精神的に極限状態になり、パワハラもありえるらしい。そうした厳しい中で仕事をしているわけであり、また離職率も普通の組織に比べると高く、転職の多い職種である。

しかし、この講義中に、「仕事をしていて何が嬉しいか」と聞くと、普通のサービス業と同じで「患者さん、利用者さんからありがとうと言われることです」というような意見が多かった。また、普段からすごくいい感じで、患者さんに接しているのではないかと思う方が多かった。厳しいが、やりがいのある職種だと思った。

丸一日の講義であり、あきられたらどうしようかと思っていた。しかし、あくび一つする受講生もおらず、熱心に受講してもらった。感想として「自分達もミニ経営者である。組織全体のことをもっと関心を持って行動するべきだと感じた」といった前向きな話が多かった。研修後のアンケートも「大変役に立った」と言うようなものが多くて、感激した。「定年親父」も、講師業はやれると強い自信を得た。

会社の住所を借りている銀座セカンドライフの片桐社長に、講義をしていることを話したら、「辰己さん、講師業もやるのですか。それなら講師を集めて斡旋している会社を紹介しましょう」ということで紹介された。その会社の担当の方と面談すると「いい内容で、経験もある方なのでぜひホーム・ページに掲載させて下さい。ちょっと時間がかかるかも知れませんが、どこか講師業を斡旋できると思います」とのこと。この「かもす」という会社から、実際声がかかった。まだ、見積もり段階であるが、この本が出版されている頃には、全国でここの講師業を展開しているかもしれない。いろいろと繋がっていくものである。

プロの運動選手と同じで、いかに自分を鍛えられておくかが勝負だろう。なにしろ「定年親父」は勉強しないと賞味期限が切れる。ちなみに友達のＳＥ派遣会社は、不景気にもまれて事務所を自宅に移した。それで片桐社長のところに移った。いろいろな繋がりで、「定年親父」も活かされる可能性はある。

◆足で稼ぐ仲介ビジネス

定年者も足で稼ぐビジネス展開ができる。パートナー会社のサービスなどを仲介して口銭を得るビジネスだ。これは顔のひろい定年者には向いている。やってみれば、少しずつ動くものだ。

ＯＢ会があって、そこに昔の上司や先輩が参加している。その中にはまだ現職で子会社の社長などをやっている人もいる。そうしたルートも大変重要で、その中の一人とアポイントを取って挨拶にいったことがある。ＯＢ会の席上、コーチングに興味を持たれているようだったので、コーチング会社の役員に同道してもらった。

コーチング会社の人達は普段からいろいろな会社の幹部と付きあっているが、この社長と話した後で「チャーミングで素敵な人ですね」とのこと。一通り、話を聞いてくれて、それではということになった。「僕が言ったと伝えないで、総務の人にアプローチしてくれないか」とアドバイスをくれた。

さっそく、総務担当の役員の方のアポイントを入れて説明することになった。この会社は管理部門が少数精鋭でやっていて「私の部下も入れて、この次、話を聞きます」と言ってくれた。そしてコーチング会社の人がいくと内定をくれた。すごく早い決断で驚いたが、私としても仲介で初受注となった。

我々の仲間の合言葉は「社会に役立つ仕事をしよう」ということで、受注と言っても押し売りではない。卑屈には思わないということにしている。

しかし、そういう風には考えているが、いざ初受注となると興奮した。それにしても、後輩にやさしくしてくれる先輩が多いのはありがたい。普通いくら人気のコーチング会社でも、こんなに早く幹部に会えて、契約が成立はしない。

実際に、この会社のコーチング教育が始まったが、人事総務管掌の役員さんがずっと熱心にその研修を見守ってくれたとのこと。また、その役員さんが社長にも、「これはいい教育だった」と報告してくれたらしい。自分が仲介した案件を、こうしてお客様が温かく評価してくれることは大変うれしい。やはり仕事はお客様が評価してくれてナンボである。お客様の不要なものを売りこんでは駄目で、長つづきはしないと思う。コーチングの会社にはベストのコーチの布陣でお願いした。

とにかく初受注は勇気を与えてくれる。どんな形でもいいので初受注を取ることが重要だ。

初受注で、なんとなく余裕を持てるようになった。相手の困り事は何なのかをじっくり、探りだせるような会話ができるようになってきた。営業と言うのは相手と会って話をするのが仕事である。相手が会ってくれなければ、時間がぽっかりと空いてしまう。受注残があって、それをこなしている仕事とは、ちょっとスタイルが異なる。

わかってはいるが、落ちつかないことが多い。受注を取れた時は、非常にうれしいが、そこに至るまでの時間が落ち着かないのである。それでもやるしかないので、元気でやることにした。

営業でがんばった大学の後輩に聞くと「物はこちらから売ろうとしないことが肝心です。相手の話をまず最後までよく聞く。それで、できないことははっきりと言う。値段は変に安くしない。相手が買いにきたら、いろいろと条件を詰めることです。こちらから押しかけたら、必ず商品が悪いと言うようなクレームが出やすい。相手が買いにきた製品には、クレームが少ないです。それと何度も顧客訪問して、五分などの短い時間で帰る。長くいると次回から会ってくれなくなります。それで足しげく通うことがポイントです。資料は後で読んでおいてもらうくらいで、いいです。できるだけ仕事の話をしない。『あいつ何しにきたのだろう』と思われるくらいでいいです」などと教えてくれた。

まだまだ勉強することがいっぱいあるように感じた。

そうこうしていると、ある日、すごく偉くなった同期の常務が、コーチングについて興味があるというので、コーチングの会社の幹部といっしょにこの常務を訪問した。この常務はアメリカで大活躍した幹部であり、コーチングには違和感がない。しかし日本ではどうなのかということが知りたいということであった。

顧客の常務さんがいうには「二つ質問があります。まず、日本のコーチングはどういうことをしておられますか。また顧客がコーチングを導入するきっかけはどういうことですか」

「そうですか役員の経営指南と言うよりも、チームビルディングの人事コンサルテーションの感じですね」

「そうですか人事部や経営戦略室が動いて、コーチングを導入するのですか。上司も推薦するのですね」

「ああそうですか。年配の受講者に、若いコーチがついても違和感がないのですか。面白いですね」

「とても優秀な部下の一人の事業本部長にコーチング受けさせたいが、本人がどう言うかわからないです。のどが渇いていない馬に水を飲ませるのは難しい。連絡先を教えますのでアプローチしてくれませんか。僕の方からも言っておきますから。うまくいけばまた続く感じがしますね」

「教育を担当している部長にも話しておきますから、別途コンタクトしてくれますか」

などとスムーズに会話は進んだ。

コーチング会社の人は「あの常務さんの人柄は大変素晴らしいですね。メールもさっそくくれました」などと盛りあがっていた。

結果、友達の常務の部下である、とある事業本部とのコーチングの契約が決まった。驚いたことに本部長自らがコーチングを受けてくれることになったとのこと。常務も偉いが、自らを鍛えようとする部下の本部長さんも偉い。

仲介契約が成立したのも嬉しいが、こういう謙虚で立派な人達がいるということを発見できるのもうれしかった。思わず、コーチング会社の人と握手してしまった。「定年親父」

も真剣にやっていれば、仕事が取れるのである。

もちろん、友人でもあり、先輩コンサルタントのH氏の「次世代幹部教育」も販売努力中だ。これもとあるお客様が、現状、真剣に検討してくれている。この本が出版される頃には、H氏は、その会社の何十人もの幹部候補生を指導しているだろう。

とにかく、あきらめずに、歩いてビジネスを展開する。仲介とは、そういうものだ。

失敗しない定年起業のポイント ⑦

■「営業活動のポイントを整理しておきましょう」

（1）名刺を作ります

街の印刷屋さんでも、インターネットでも簡単にできます。できればデザインは印象に残るものにした方がいいでしょう。

（2）事業案内書やチラシを作ります

自分のビジネスを説明するため、Ａ４に２枚程度でまとめておきます。飛びこみ営業や、チラシを投げこむ営業もあります。あらかじめ、街の印刷屋さんで作成可能です。値段も安いです。

（3）電話をひきます

自分の持っている個人の携帯電話で十分な場合が多いです。

（4）ホーム・ページを作ります

インターネットで調べれば安く作れる業者はすぐ見つかります。筆者の場合、友人にタダで作ってもらいました。

（5）会社のドメイン、メールアドレスを登録

作業を厭わなければインターネットで、簡単に取得できます。

（6）顧客を訪問します

知人のいる会社を中心に回ってみましょう。住所やメールアドレス等のリストは現役時代に整理して作っておきましょう。

（7）会社設立の挨拶状を送ります

立派な案内状でなくても、簡単なものでもＯＫです。

（8）会っていただける会社の情報収集

相手のホームページなどを開き、よく調べておきましょう。

（9）営業トークや態度

相手の話をよく聞きます。態度は低姿勢で、服装はこざっぱりとします。若く見られるくらいの感じでいいでしょう。

第七章

一歩踏み出せ、定年親父

◆七十歳になっても元気に働く人がいる

世の中には、七十歳を過ぎても生き生きと仕事をしている人も多い。自営業なら当り前であるが、サラリーマン経験者でも、そうしてがんばっている人もいる。

Sさんは職場の大先輩である。

関連会社に役員でいき、最終的には孫会社で社長まで務めて六十三歳で退職した。この人は情報セキュリティー関係が強くて、退職と同時に、昔から付きあっている元外資系銀行マンの会社に入社した。

それから一年、この厳しい若社長のもと、セキュリティー関係の勉強をして資格を取得した。同時に情報セキュリティーのコンサルテーションも修行をした。年金以外収入ゼロで修行に明け暮れる世界である。

結果、独り立ちして、コンサルテーションができるようになった。現在、若社長の会社で貴重な戦力として働いている。

コンサルタントでもあるが、昔の人間関係ネット・ワーキングを活用して、営業活動にも励んでいる。社長の信頼は厚く「Sさんには定年がありませんから、仕事ができる体力が尽きるまで働いて下さい」と言われている。それで毎週、毎日働いており、日本国内いろいろなところに出張してコンサルテーションを展開している。

もう七十歳も過ぎたので、顔つきは、お世辞にもそんなに若いとは言えない。しかし、生き生きしていて、働いているのがプライドとなっている。おそらく若い社長にあれこれ言われて、面白くないこともあるだろう。そこはサラリーマン時代に鍛えられていて表面に絶対出さない。要するに人間ができているのである。海外旅行が趣味のようで、年に一度は仲間と海外に遊びにいくとのこと。

こういう先輩の後ろ姿と見ると、「七十歳までは、俺みたいに仕事をしろよ」と言われているような気になる。Sさんは定年親父の当面の目標である。

やはり定年を過ぎれば、人に使われるのはどうかと思うが、それさえ我まま言わなければなんとかなる世界が広がっているようにも思う。ポイントは健康管理と余暇をいかに充実して過ごすかだろう。

「七十になっても働くぞ」という気概を持っておくことが大切だ。Sさんからは目が離せない。

◆現役時代からでも起業は可能だ

意外と知られていないが、定年後を見すえて、現役時代から、着々と定年後の起業準備をしている人もいる。

以前の会社に、激烈に働く営業部長がいた。土日も関係なく、部下もとことん使う。新しい事業も積極的に進める。高いハードルに、自ら進んで挑戦する。大変目だった存在だった。会社は当時はとても苦しい時期だった。それでこの営業部長が改善運動のさなかに、いろいろ有益なアドバイスをくれた。彼からの意見は実態に即した斬新なものばかりであった。

彼の部門が、親会社の意向で他社に組織ごとそのまま移っていった。それから音信をまりとらなかったが、その会社の社長にコンサルを売りこみにいったら、「T君も今日辰己さんと会うためにこの打ち合わせにでることになっていたのですが、都合がつきませんでした。今、彼の仕事も大変なときですし、ご家族の関係も大変です」とのこと。

机に名刺を置いて帰ったら、すぐにコンタクトしてくれて、会うことになった。

私の定年起業の現状も知っていた。自分も将来何か自分のビジネスをやりたいとのことで、次のメールをくれた。

「まったくあっという間ですね！私もあと四年です。私の場合は妻が病気をしているため、退職してからも稼がなくてはなりません。もちろん、年金などあてにできませんし。ずっと若い気持ちでいたいとも思います。退職が人生のゴールで、赤いちゃんちゃんこを着て過ごそうなどとは思いたくありません。ずっと働いていきたいです。でも雇われ者はもう懲りました。自分で社会を相手に稼ぐ、これをやりたいです。今度会うのを楽しみにしております」

相変わらず元気である。こういう挑戦心旺盛な人がどんどん出てくればいいと思う。

奥さんがご病気で、その上ご自分のお母さま、奥様のお母さまと三人の調子が悪いらしい。そうした中で、仕事も厳しい局面になっているらしい。しかし、エネルギーいっぱいで、起業意欲が旺盛である。仕事が不調で家族も健康を害しているので、普通に考えれば、大変であるが、彼は前向きだった。

ビジネス感覚は営業の仕事をしているだけあって、素晴らしいものがある。いろいろ経験談を話そうと先輩感覚でいたが、かえって世の中のことを教えてもらった。特に営業論であるが「辰己さん、とにかく扱っている商品を自分がほれこむことが重要です。お客さまにはそういうのは伝わるものです。少々うるさい奴だと思われても、お客が意思決定する時に必ず思い出してくれます」、「本気になっていろいろ考えて、十個くらい真剣に取り組めば、一個の仕事は必ず成功します」などとのこと。

よくよく聞いてみると、ウェブで結婚式の写真を撮るサービス事業を、奥様名義で展開している。ホーム・ページにいかに頻繁に潜在顧客にアクセスしてもらうのかなど、いろいろ工夫していた。そのビジネスで、普通のサラリーマンの給与くらいは稼いでいるように見えた。大変逞しい。いずれにしても、また一人同志というか仲間が増えたような感じがした。

このように、やる気になれば、現役時代からでも起業ができるのである。定年親父になってからあわてるよりも、ずっと準備万端だということだ。とくに、これからは残念ながら、年金受給がだんだんと難しくなるので、若い世代は、定年後の起業を考えておくべきだろう。「自分の城は自分で守る」。そういう気概が必要だ。

全人口の数％もいない大企業の定年者でさえも、年金を潤沢に得られるというのは、これから神話になるだろう。だからといって、子供の世話になれない。「どうするんだ」定年親父＆定年親父予備軍である。

◆最低でも個人事業主になれ

株式会社を設立するのが一番いいと思うが、個人事業主からスタートするのも悪くない。二十代の頃、独身寮で六畳一間に、同期の一人と住んでいた。この親友も定年を迎えることになった。この友人の仕事は専門的なものである。がんばって日本でもその分野の屈指の実力派となっていた。

独身寮に住んでいた時は、彼はきれい好きでいつも部屋を掃除してくれていた。私がお酒をいっぱい飲んで、若い後輩を連れて帰った夜のことである。その後輩がすごく寝相が悪かった。狭い六畳に我々三人が川の字に布団をしいて就寝したが、夜中、その後輩はその川の字を横にゴロゴロと往復した。我々二人はおかげで、さっぱり寝られなかった。しかし翌朝、この友人は「大変だったね」と、嫌みの一言もない。そういうすっきりとした友達である。今は独身寮と言っても一人部屋が多いので、こういう関係は成立しないかも知れない。昔は狭い相部屋に押し込まれていたので、人間関係がよくないとやっていられない状況だった。それにしてもいい友達である。

この同期にいろいろ聞き出してみると、「継続社員で残らないか」とか、外部の団体からも「嘱託でこないか」などの誘いがあったらしい。しかし、すべて断ったとのこと。それでも家に入ってしまうタイプでもない。彼の部下の女性課長によると、彼がいなくなると、仕事が立ちいかなくなるとのこと。想像するに「ぬれ落ち葉」的に扱われるのが嫌なのではないかと思った。そこで、女性課長も入れて一席もうけて話をしたら、「迷惑をかけたくない」とのことである。

「これは日本経済の損失ではないか」と思った。

幸い、女性課長とも昔からよくお酒を飲んだ仲であった。それで私の会社にきて「執行役」を名乗り、業務委託でコンサルテーション契約を締結して働けばどうかと持ちかけた。「俺の人生を勝手に決めるなよ」という面持ちであったが、しぶしぶ「それでいこうか」ということになった。

「ただし、タッツ・コンサルティングには少し落としてよね。それが貯まったら三人で温泉にでもいくか」ということで決着した。それでもまだまだ心は揺れていた。結局、元の職場がこの真面目で一直線な性格の彼を、受け入れない雰囲気があり、頓挫した。なかなか容易ではない。

あるとき、別の友人が働いている病院の委員長を訪ねて挨拶することになった。この病院と同じ街に、今回退職した友達が住んでいるので、家まで押しかけていった。ちょっと郊外であるが、こざっぱりした街にいい家々が並んでいる。道路も意識的に少しゆるく湾曲させてあって、雰囲気がいい。

奥さんがお茶菓子でもてなしてくれて「年金が想像していたより少ないのですよ」などといっている。そこで個人事業主として仕事を出す方式を、彼の元部下を通じて根まわしをしたら、元上司はあっさり了承し、最終的に決まった。

ご本人は、どこか世なばれしている感じでひょうひょうとしている。こちらは必死で根まわししている。しかし、それが我ながら嫌だと思わない。やっていてうれしくて仕方がない。こういうのが本当の友達かと「うれしくて、うれしくて」という感じであった。

その後、この同期と会ったが、「パソコンの仕事で目が痛い。あと半年くらいで終わる仕事だと思う」と相変わらずひょうひょうとしている。「今やっている仕事は他の会社でも重要で、ビジネスになるのではないか」と質問すると、「さて、どんなものだろうか」

と欲がないので拍子ぬけした。何かチャンスはないだろうかとも思うが、あくせくしない感じが、いかにもこの同期らしくてすがすがしい。

久し振りに会ってお酒を飲んだ。「今度モンゴルへいって星空を見ようよ。またシベリア鉄道も乗りたい。南米のモアイ像も見にいこうぜ。ワイフがそういうところは付きあってくれないんだ」などと持ちかけると「やろうぜ」となった。いい友達だ。早く計画したいものである。

この友人のようにまったく欲がなくても個人事業主で立派にやっている。最低でも、個人事業主になって、仕事を確保することが「定年親父」の鉄則だ。

◆定年親父は継続勤務を当てにするな

定年後、それまでの働きがよくて、また人柄がいい人は、「もう少し会社に残って後輩の指導をしてください」と請われて継続社員となる場合もある。しかし、それが当り前だとは思わないことだ。世の中だんだん厳しくなっているのだ。

友人二人と後輩も入れて四人で食事することになった。結果、定年が近いこの後輩の愚痴を聞く会になった。

六十歳で定年になると会社が必要とした場合、収入が減るものの、それまでの延長線にあるような専門的な仕事をするのが一般的である。

また会社は必要としないが、本人が望めば、会社も仕事を探してくれることになっている。

この後輩の所属する職場は業績が低迷しており、定年組の継続雇用中止だけでなくて、早期退職も何度も進めている職場であった。そういう背景もあり、この後輩は会社にお願いして仕事を探してもらうパターンで、話が進行していたらしい。会社としても六十歳を過ぎた人のために、ある程度のポジションを用意することは大変である。それでなくても、職が見つからないのが一般的である。会社側は苦心惨憺して、この後輩のために仕事を探したらしい。

この後輩が言うには、「仕事の選択は二つあるとのことでした。しかし、どういう仕事なのかなかなか言わないのですよ」とのこと。それで最終的にわかったことは、銀行での行内案内係と、輸送会社の倉庫での伝票処理係だったらしい。部長にまで昇進していた人にとって、これは再就職とは言えない屈辱だという気持ちはよくわかる。しかし、この後輩のために仕事を探してきた側のこともよくわかった。

こういうミスマッチは、残念ながらこれからどんどん起こっていくだろう。他の会社が認めるような特殊な能力や経験がない限り、こうしたことは起こるのである。

上司やまわりを信頼してのうのうと定年まで職場に居て、それから先も保証してくれるだろうというような、甘い考えは通じない社会になったのである。自分で定年前からいろいろ手を打っておく必要がある社会となったのである。

幸い、この後輩は仕事の関係で中国の企業からの誘いがある。これが東京勤務でなくて関西勤務なので、それがまた愚痴の種である。それでは金銭的に困るのかとなると、借家を、何軒か持っていて、いっしょに食事をした他の三人から「関西にいけばいいじゃないか」「関西は食べ物も美味しいし、文化的にも豊かだよ。しばらく奥さんと関西に住むのは面白いじゃないか」とさんざんいわれて、この後輩もだんだん自分の置かれた立場を理解したらしい。

業績が悪い職場では、そう簡単に継続社員にいい顔はしない。

六十五歳まで働きたいとなると、とんでもないという感じになるのではないか。自分で会社でも起こし地道に注文を取って、面白ければ続ければいい。そうでなければやめればいいのではないだろうか。

この後輩は、結局自力で政府の外郭団体にアドバイザーとして採用された。諦めずにいろいろ採用試験を受けて、中小企業が海外進出する際のお手伝いをする機関で仕事を見つけた。海外出張もあるということで、生き生きと仕事をつづけている。また中国やマカオの会社の顧問もやっているとのこと。

「成せばなる」のである。あのまま、会社任せの仕事をしていたら今ごろはノイローゼになっていたかも知れない。大変がんばったと思う。

最悪の状況を予想して、継続勤務など当てにしないのが、「定年親父」のあるべき姿だ。継続勤務で当分は働けたとしても、三年が最大の限度ではないか。普通は一年だ。それで終わりにしていいのか。また継続勤務はサラリーが安い。それで満足できるのか。継続勤務では、昔の後輩の指揮下にはいる。それで本当にプライドが保てるのか。契約されなくても、くよくよすることはないのである。

「定年親父」には自立心が必要なのである。

◆他人の定年ブルーに感染するな

誰でも定年と迎えてブルーな気持ちになるものだ。社長だった人も、そうした日が来る。そうした人達と話をするのはいいが、話を聞いてこちらも落ち込まない方がいい。

自分だけが定年でなくて、みな等しく定年になるのである。

定年になると引きつづき仕事をしたいと思う人と、リタイアーに主軸をおく人がいる。人それぞれで、どれが正解と言うのはない。上場企業でも役員定年が短くなって、六十四歳まで残れる人はほんのわずかだ。役員から監査役、顧問などとだんだん閑職となって、それでは仕事は面白くないだろう。また、六十歳過ぎてから毎日出社となると、体力的にも辛いものがある。仕事ばかりやる年代ではない。

外出して打ちあわせをしていたら、携帯電話が鳴った。知り合いの関連会社の社長さんであった。さっそく行くことになり、ご挨拶して世間話をしていたら、この社長さんも退任が近い。

「自分自身の棚卸しをしても何もないのですよ。まわりのみんなは、退任するとスパッと仕事をやめて趣味の世界などに入っていますが、私はもう少し何かをしたい。年金だけでは何となく不安もあります。辰己さんはどういうことをやっているのですか」

「いやいや今までのご経歴からいくと、いろいろなところでご活躍できるのではないでしょうか」と話したが、それではこの社長さんのために、自分が何か一肌脱いでアレンジしましょうとは言えない。こちらの実力不足である。

この人は、会社に入った頃から知っていた大先輩である。すごく優秀な人で、エリート街道まっしぐらに歩いてきた。いつも海外出張を忙しくこなしている方であった。我々が若い時には、この社長さんには迫力いっぱいのオーラが漂っていて、近づけない感じであった。また海外の現地法人の社長も経験していて、国際ビジネスの実力者でもあった。しかし、ご本人は「いろいろ仕事をやってきましたが、お客様が、私のような人間に会ってくれたのも、会社があってのことです。振り返ってみると、私個人の実力というのは何もないですね。何も、一人ではできないのが、やっとこの頃はっきりわかりました」と謙虚にされる。こういう優秀な人に働けるチャンスがないというのは、いかにも日本の社会はもったいないと思う。

もう一人の退任の近い社長さんが、夕方の会食のセットをしてくれた。会うと「もう仕事はいいですよ。学生時代に興味があった勉強を、もう一度ゆっくりやりたい。ただもう勉強したからと言って、何をしようというわけではありません。女房と国内旅行や、海外にでも出かけたいと思います」とのこと。

この先輩は工場の経理を皮切りに海外勤務などの重責を経て、子会社の社長になられた方であるが、経理実務はピカ一である。その気になれば、経理関係の本を二〜三冊くらいすぐに書ける実力者である。

役員退任となると、ブルーな気持ちになる人もいるのだ。こうした人達が健康であるのに、今までの経験などを生かせないのは、いかにも窮屈な社会である。ただ、ずっとこうした人達が社長として残ることは問題があるかもしれない。これだけ元気で優秀な人達の仕事がなくなるというのもおかしな話である。日本人は身体が動くまで働くのが伝統の民族ではないのか。こういう人達を生かすうまいスキームもないものなのか。他人ごとではないのであるが、そういう思いにさせられた。

ちなみにこの元経理関係の社長さんから退任後に挨拶状をいただいた。いわく「毎日が日曜日、をしています。そちらの稼業はいかがですか」と。

何かこうした優秀な人達の力を出せる場所はないのか。こうした汗と涙で培ったスキルやノウハウが活かされないのは、もったいない。日本社会全体の損失ではないか。こうしたスキルやノウハウを、安く社会に還元できないだろうか。「もったいない」のである。しかし、だからといって自分も「毎日が日曜日」しなくてもいいのである。他人の憂鬱に付きあっていられるほど余裕はない。そういう人の話を伺うのはいいが、ブルーなムードに感染する必要はない。

できるだけ「愉快な気持ち」を、「定年親父」はキープするべきだろう。

こちらが「ブルー」で「不愉快」であるとビジネス・チャンスが逃げていく。

失敗しない定年起業のポイント ⑧

■「昔の知人との付きあい方にご注意」

昔の知人とのスタンスにはけっこう注意しましょう。

（1）昔の「肩書き」は邪魔と考えるくらいで

小さい会社を一からスタートさせることになるので、昔の会社のネームバリューで信用されると考えない方がいいのです。

（2）昔の知人や部下が冷たくても普通だと思いましょう

自分が、その昔働いていたとき、定年した知人が小さな会社に雇われて営業のために来訪。そんなとき、あなたは十分に親切でしたか？時間がない、とか分野が違う、などどこか尊大な態度を取りませんでしたか。それが普通なのです。

（3）昔の後輩や部下でも、お客さまとして扱いましょう

間違っても「○○君」などと偉そうな態度を取らないこと。「○○さん」と声をかけましょう。相手はお客さま候補なのですから、当たり前といえば当たり前です。「昔、あいつの昇格に俺が口添えした…」なんて思わない事です。自分だって、誰にも頼らず昇進してきたと思っていたのではないですか。先輩風や上司風を、絶対に吹かせてはいけません。

（4）パートナーになった人を、大切に扱いましょう

一緒に働いてくれる人たちは、強い味方になってくれます。新しい仲間は若い人が多いかもしれませんが、若い人の目線でモノを考えて発言しましょう。いい情報交換が期待できます。

（5）「誘い」は断らない、これが大原則です

声をかけてくれることは、大変にありがたい事です。お付き合いはマメにしましょう。約束のドタキャンは絶対に避けましょう。あなたの信用が一気に失墜してしまいます。

第八章

「遊び」も当然、働くだけが能ではない

定年起業をやっていてうれしいのは、家族との時間が増え、また土日、休日でなくても休める日が取れることである。暇な時は家族と過ごし、趣味の世界に生きればいいのである。また、必死にならずぼんやりしていても、うるさい上司がいるわけでない。自分の世界なので何の問題もない。そういう気楽さがいいように思う。現役時代は「仕事、時々遊び」であったが、今は「仕事、そして遊び」の感覚となっている。そのうち「遊び、そして時々仕事」、あるいは「遊びばかり」となるかも知れないが、それはそれでいいのではないだろうか。「遊び」は人生の友達である。仕事だけが定年親父の幸せではないだろう。むしろ楽しく「遊ぶ」ことも積極的に覚えるべきだろう。

◆遊び仲間の幹事役はマメに、マメに

遊ぶのも簡単ではない。誰かが何かをやってくれることを待たないことだ。自分から仕掛けて行って、友達を作って遊んでもらうというような考え方がいいだろう。

毎週土日にテニス・スクールに通っている。四十歳過ぎてから始めたが、ある程度の水準のプレーもできるようになった。スクールは実力に応じてクラス分けをしてあり、五十

歳を過ぎたある日に一ランク上げてもらった。この時は会社で昇進するよりもずっとうれしかったものである。また、若い息子みたいなコーチに「もっと前に。前に。何故前に行かないで、びびっているのですか」、「辰己さん、もっと、もっと走って、走って。何しているんですか」などとしごかれるのがこたえられない。若いとは言え、プロのコーチであるし、第三者的にスクール生をよく見ることができるのだろう。腕前も格段に上がってきたのではないかと思っている。そうです。世の経営者の皆様、このテニスのコーチのようなコンサルタントを雇えば、会社はうまくまわり出すと思いませんか。若造コンサルタントももちろんＯＫですが、定年親父は優しいですぞう。

ある日、このスクールの仲間とも食事会をやることになった。コーチを囲んでイタリア料理にワインである。仕事とは全然関係のない仲間もいいものである。税務署のエリート官僚、自衛隊の幹部、外資系会社の役員、サラリーマンの奥さん、ＯＬ、会社の財務役員など意外といろいろな人が集まった。やはり、月一万円強のお金を払って、テニスをやろうというのは、経済的に落ち着いている人が多い。今回の食事会は勤めからの帰りだったので、みんな背広にネクタイでぱりっとしていた。しかしテニス・コートと同じで、丸で子供のように飲み食いしている光景は面白かった。

また同じテニス・スクールの仲よしのメンバーにウィーク・デイにゴルフに誘われた。こちらもほいほいと付きあった。こういう仲間は大切である。彼は定年後、野菜や果物を作っており、時々お裾わけをしてくれる。「今度山へいっしょに登らないか」とも誘われている。少しずつ、こういう世界にもシフトしていく時がくるだろう。大事にしておきたい仲間である。

現役時代には、幹事というのはあまりやらなかったが、テニス・スクールで知りあった定年組のおやじさんやミドルの奥様達を誘った。それで週日月に数回近くの公園のテニス・コートを予約し、テニス仲間の世話役をやり始めた。幹事の特権で女性メンバーは美人に限った。人数が多すぎても少なすぎても面白くない。多いと二面のコートを借りる。みんなタイムリーに出欠席を連絡してくれるとありがたいのであるが、そうパーフェクトにはいかない。仕事を完全にやめた本当の定年の親父の中には、ルーズであるとか、うるさいのがいるのだ。またボールを用意するのも幹事の役割である。練習球は古いのでいいのであるが、試合球は新しいボールを必ず買って用意する。会費もコート代を参加者数で割っても割り切れない時にどうするのか。つまらないことであるが、こまごまと気を配る必要がある。しかし、こうした世話役も嫌ではない自分がいるのを発見した。「長く、楽しく、仲よく」やっていこうとしており、賛同を得ている。ゆるい空気の中でのテニスであるが、みんなそれでも負ければ悔しくて、それなりに闘志を燃やしてプレーしている。当然、人数によっては、プレーを待つ時間がある。ここでよもやま話をするのも楽しい。我々の年代は、子供の就職、結婚問題、また人によっては介護を抱えている。話題に事欠かない。それとなく話しているのがいいのである。この仲間も少しずつ増えて、今は十人となった。「忘年会をやろう」と声をかけて、池袋の創作うどん屋に集まって、みんなで若返ってはしゃいだ。定年親父はアレンジ好きなのだ。

テニス・スクールの小さなゲーム会では、若者が多くいる回で優勝までしてしまった。小さくて安そうな楯をもらってきたが、これがうれしくてたまらない。学生時代のクラブ活動でテニスの経験者なら、こうしたちっぽけな楯など何とも思わないだろうか、四十半ばに始めた者にとっては、こたえられないご褒美のように思えた。歳をとっても熱心にやれば、年々テニスも上手になるのではないだろうか。それにしても、スクールの奥様方から「今度のミックス・ダブルの試合のパートナーやってくれませんか」と頼まれるほど人気者にもなっていた。ますますテニスにはのめり込むだろう。

七十歳を明らかに過ぎた人がテニスをしているのを見ると闘志がわく。八十歳までやるぞ、と思わされる。「長く、楽しく、仲よく」である。定年親父は、遊び仲間には徹底的に尽くすのだ。

◆新しい「遊び」仲間を探しつづけろ

人に勧められたことは、おっくうがらずにやることだ。意外と面白いことが、いっぱいころがっている。

ウィーク・デイ・テニスの仲間が「辰己さん、荒川で喜多マラソン大会があるのですが、いっしょに出ませんか」と誘ってくれた。お誘いごとは基本断らない主義であり、「出ます。よろしくお願いします」と返事した。しかし、十キロのマラソンは初めてであり、正直不安いっぱいであった。それで年末、正月には毎日一時間～一時間半と走り込んだ。お陰で正月太りは回避することができた。

会場にいくと、いるわいるわランナー達でむんむんしていた。中には、青森から出てきたというお年寄りもいたので声をかけると「青森の冬さ、なんもやっごとない。毎年このマラソンで、東京さ、くるんだ」とのこと。また、外人もちらほらいるので日本語で話かけるとパーフェクトな日本語で応じる人もいた。これは、馴れ馴れしい感じの外人だ。また中には、こちらが日本語で話かけても、すまして英語で答える。こちらはちょっと上から目線だ。負けずに英語で応答しておいた。

スタート後しばらくは、速いメンバーの仲間入りをしていた。そのうちこの辺でいいと思えるペースに落して走っていると、隣に若いきれいな女性が同じくらいのペースで走っている。そこで声をかけるといい感じで、終わりまで二人で会話しながら完走した。最初は一時間くらいでいいかなあと思っていたが、その子にいいところ見せようという心理が働いたのか、五十六分で完走した。友達からは「最初にしては速い」といわれてうれしかった。いっしょに走った若い女性の邪魔にならなかったのかと思っていたら「人生で一番早いタイムでした」とのこと。聞けば遠くはオーストラリアまで、マラソン大会出場で遠征したこともあるとのこと。マラソン中毒症だろう。再会を約束したのは言うまでもない。

それで友達にあたってみると皇居マラソンくらいしたいと言う人が結構いることがわかった。いっしょに走った若い女性や、同い歳の友人達とマラソン・クラブを結成することにした。妻に話すと「ホノルル・マラソンに出場したら。イベントが面白そうなので私も付いていくから」とのこと。マラソンも完全にはまるムードとなった。ともあれ昔の部下でマラソンが速かった後輩にメールを入れると、さっそく皇居マラソンに付きあってくれた。新丸ノ内ビルの「バイク・アンド・ラン」というランナー専用ステーションを使った。ここは更衣室及びシャワー設備のついており大変モダンだ。二人で冬の夕方の皇居を走った。「ここから上り坂がつづきます。後半に下り坂があります。今日は天気が悪いので空いています」などといっているとあっと言う間に一周してしまった。彼は、本来すごく速いランナーであるが、私に合わせて走ってくれた。その後、二人で中華料理店に寄ってビールを飲んで帰ってきた。もちろん、いろいろな話をしながらである。こうして付きあってくれる後輩がいるというのも大変うれしい。いい皇居ランだった。新し遊び仲間万歳である。「定年親父」は貪欲に「遊び」仲間を探しつづければ、人生ますます面白くなるに違いない。

◆家族こそ「遊び」のベスト・パートナー

定年して、夜いっしょにお酒を飲んでくれる人もめっきり減るものだ。しかし、家族がいるのだ、意外と家族と付きあうのは面白い。

現役の時は忙しくて家族と出かけることも少なかった。考えてみれば、朝出かけて夜遅く寝るためだけに帰ってくる。それで土日はゴルフにテニスだ、なんだかんだと家にいない。家族との時間が少なかった。定年後は少し時間的な余裕がうまれ、家族と外食できるようになった。ちょっとした寿司屋さんや焼鳥屋さんに出かけてほんの少し贅沢をする。寿司屋さんや焼鳥屋さんのご主人や女将さんとも、夫婦でお馴染みさんになった。今までじっくり家族の話も聞いていなかったが、こうした食事会ではなんだかんだと本音トークができる。意外と息子などとの会話が自分の仕事にも参考になる。子供がだんだんと自分の仲間になりつつある時期なのだろう。

今までは支払いは、いつも妻が家計費から出していた。定年起業家になってからは社長としての別ポケットの給与も入るので、そこから「今日はタッツが払うから」と出すようにした。「ええ……、いいの……。お金を本当に稼いでいるの……」と驚かれる中、お金を支払うのは気持ちがいいものである。

年金で家計費は回っている。それに私の自分の会社の給与から家に少し出すので、妻の管理する家計費はまったく問題ない。残りの自分の会社からの給与は、全て私のポケットマネーとなる。「タッツから払うから」などといえるのは、ちょっと心の余裕とプライドをくすぐられて、いいものである。サラリーマン時代も自分が稼いでいたはずであるが、こういうシチュエーションではなかった。こういうことも定年親父のモチベーションの源泉になるのである。

年金の中から小遣いをもらうとなると窮屈だ。やはり定年後も自分がある程度自由にできるお金がないとダメだろう。定年後は現役と違って貯金する必要がない。不動産などの借金からも解放されている場合が多い。加えて子供達も成人しており、大きなお金は必要がない。蓄えも少しはある。そういう気楽さの中で、自由になるお金が少しでもあるというのは、気持ちをゆったりとさせるのである。

また、妻とよく小旅行をするようになった。海外は時差がない上海や台湾。国内は山陰や九州他。近い熱海や箱根なども時々いく。時間的に余裕があるので、空いている日にいけるのがいい。値段もやはりウィーク・デイはお得感がある。夫婦で相撲ファンなので、国技館は、年三回、名古屋場所、九州場所、大阪場所にもいってきた。地方場所では、その土地の観光地などをまわる。大阪では吉本新喜劇を見て腹を抱えて笑ってしまった。名古屋では明治村でタイムスリップしたような食堂で、牛鍋をつっついたのもいい思い出だ。九州では柳川の川舟で、一時間くらい、じいちゃん船頭の説明を聞いたのも、ゆるい空気で楽しかった。

地方旅行もいいものだ。山陰の米子では、我々と同じようなご夫婦と居酒屋で会っておしゃべりもした。気持にも余裕があるので、その土地、土地でいろいろな人に話しかける。安来でどじょうすくいを見たが、ほのぼのムードが最高だった。京都では伏見までいって月桂冠や黄桜の蔵元も回った。利き酒をしていい気持になれた。兵庫の灘五郷を回って利き酒したのもこたえられなかった。こうした時間も持てるようになったのだと、「定年親父」は感激している。

家族は、なにしろ定年親父の運命共同体だ。特に人生のパートナーであるワイフはそうだ。お互いに味方になり合うのを忘れてはならない。相手はそう思わないかもしれないが、「定年親父」は、家族を「遊び」のベスト・パートナーとしても奉るべきだろう。

ファイル

定年親父のコンサルティング・ケース

定年起業したコンサルタントとして、どんな仕事ができるか、興味をお持ちの読者も多いと思う。ここで、本文には入れていないが、今までにかかわった他の仕事について紹介してみよう。

■ケース1■　改革メンバーの火を灯せ！

会社を再生するには、その会社の主要なメンバーが必死になって、動かないとうまく行かない。これは、とある問題いっぱいの会社に送りこまれた時のことである。

この会社は、余りにも社長始め幹部の目線が高く、従業員が付いていけていなかった。売れていないものも、あたかも売れたかのように、ごまかさざるをえない状況になっていた。社長始めとした幹部の志は、この会社を一流にしたいという思いでいっぱいだった。しかし、従業員は、できもしないことをやらされつづけて、モラルが極端に低下していた。会議では、社長の「やれるだろう」、「やれるだろう」という掛け声だけが、ピリピリした雰囲気の中にむなしくこだましていた。部長の中には、顔面神経痛で、ほほがぴくぴくとひきつっていた。

こうした会社に乗りこんでいったのであるが、不良資産を整理しようとすると、収益が落ちるので、社長は激怒し激しく机をたたいて、私を恫喝した。それでも、私は「このおっさん何をいってんね」という感じで、しらっと、資産をきれいにした。

他にも、いろいろいっぱい軋轢があった。ある古手の先輩から「辰己さんの言っていることは正論だ。当っている。しかし、ああいう言い方はないでしょ。ああいう言い方は！誰もついていきませんよ！」と厳しいお小言をいただいた。私を送り込んだ親会社からも「なにやってるんだ」式の厳しいフォローがつづいた。

「ターンアラウンド」なるプロジェクトを立ち上げた。メンバーの主要な部長たちに、真剣に改革策を議論してもらった。最終的には、役員会で報告だ。「そんなことできるか！」、「お前らの考えは甘い！」と、恫喝ぎみの無責任な役員の発言が続いた。夜の九時も過ぎた頃、改革メンバーの部長の一人が、「そんなことをいうのなら、対案を出して下さいよ。対案を！」と怒声を交えて必死に叫んだ。これで会社は大きく変革に向かった。

一～二年も経つと嵐が過ぎ去ったように、この会社はいい会社に復活した。CS（顧客満足度）向上運動に、ES（従業員満足度）重視で、順調だ。もちろん、教育やITに、継続的に力を入れた。会社の業績は見違えるように改善し、史上最高の増益がつづいた。また、明るい従業員の会社に生まれ変わった。

■ケース2■　テハンミンググ、日本チャチャチャ

合弁会社は、大変一般的になってきたが、両親会社の利益を調整しながら運営しなければならないので、課題が多いのが一般的だ。

筆者は、韓国企業との合弁会社で日本側の代表者として、その立ち上げにかか

わった。

日韓合弁会社とは、普段嫌いあっている男女が、親の命令で結婚するようなものだ。

口には出さないが、心の奥底では「嫌韓」、「反日」の世界だ。両国の従業員を仲よくさせて、会社として最大のパーフォーマンスを出す。これが日韓合弁会社の経営の肝だ。

••

人事の新体制構築で、ルールや賃金水準などを、コンサルタントを雇って作った。

コンサルタント達は役員も含めて、何人も日韓のメンバーを面談した。その都度、幹部と議論して、どうあるべきかの資料を起こしてくれた。つまり、「こうあるべきではないだろうか」という仮説（見定め）と、検証（妥当かどうかの確認）を繰り返してくれたのだった。結果、一見単純そうに見えるが、いい結論を導き出してくれた。

例えば、階層は役員、チーム・リーダ及びチーム員の三層しかないフラットな組織にした。役員以下、十階層くらいの日本の大企業と比べると、非常なシンプルさだった。

十階層ともなると、稟議のハンコは十個となり説明が大変だ。時間がかかるし、それぞれ異なる見解なので、すべての人を納得させようとすると天文学的に複雑となる。結論も玉虫色で、何が何だかわからないものになる。これではスピードが早いわけがない。いい仕事ができないのである。

これが三階層だと、意思決定のスピードは格段に速くなる。また、関わる人が少ないと言うことはパンチの利いた結論が導き出されるということだ。

日本人従業員は、もとは多重階層の組織で働いていた。三階層になると、降格されたと思う人も出てくるだろう。例えば、それまで、「課長さん」と言われていた人が、ただのチーム員になるのである。これを韓国人社長が「やるぞ」と言えば、日本側の従業員はどう思うか。

また、給与の幅を四つのバンド(領域)にした。これで職責にあった処遇になり、従業員の責任感が一層芽生えるだろうという主旨での変更だ。

しかし、下の給与レンジから、上の給与レンジに上がる人はいい。上のレンジから下のレンジに下がる人は、不満を感じるだろう。ある日突然月給が、五十万円から三十万円に下がったとしよう。どう奥さんに説明すればいいのか。「ああたあ！何へましたのよ」と言いつのられるのが目に見えている。

日本側の従業員はこういうのに慣れていない。これも韓国人社長が「やるぞ」と言えば、「てめー、このやろう」となるに違いない。そこをコンサルタントが、資料をきちんと準備して、理路整然と提案したので、従業員も納得しやすくなったのである。

そのうち、この会社は、その業界で、ぶっちぎりの世界一になった。

大手ビジネス雑誌社が、この会社の記事を書いてくれた。タイトルは「テハンミングッグ（大韓民国）、日本チャチャチャ」であった。言わずと知れた両国のスポーツ応援時の言葉だった。

この会社を離れて長くなるが、今でもきっと「テハンミングッグ」、「日本チャチャチャ」とやっているはずだ。

おわりに

定年親父は「NANTOKANARU」精神で

定年になっても落ち込まないことだ。

なんだかんだやっていれば、「NANTOKANARU（なんとかなる）」のである。

団塊の世代は一番人数の多い年代である。また学園紛争などかなり左翼的な政治活動にも巻き込まれた世代である。

なぜ、あの時、ああいう左翼的な運動に熱をあげてしまったのか今振りかえってもよくわからない。学生時代に「戦争反対」などとデモをしていたが、世界の情勢は、そんな単純ではないということを一番よく知っているのが、日本では我々の世代だ。あんなにバカげたことに踊らされたことを、身を持って体験しているのは我々の世代だ。しっかりした考え方をすることが期待される世代なのだ。まだまだ捨てたものではない。

私の定年起業も、悪戦苦闘したが、コアーな仕事を確保して、まわりにいい人材を持つことができた。それで、いろいろな人と議論してみて今まで見えなかったことも経験できた。新しい仕事を通じて、少しは誰かにお役に立てていると実感もあった。家族と旅行し、またいっしょに食事するというのも以前より増えた。遊び仲間もどんどん増えている。こうして考えてみると定年起業も悪くない。

ある日、国連でカンボジアや旧ユーゴスラビアの調停で活躍された明石康さんの講演を聞いた。この方は八十歳くらいであるが、外見はまだまだ若くて、国際関係の含蓄のある実体験に裏打ちされた話をされ、大変参考になった。現在でも日本政府の代表として、スリランカ内戦問題に尽力されるなど大活躍である。明石さんは経歴も素晴らしいが、何よりまだ現役で活躍されているのがすごいと思った。それで本当に世の中のために貢献されている。世の中、探せばいっぱい年齢に関係なく生き切っている人が多いのではないかと思わされた。

要するに人は年齢ではなくて、その人のモチベーションが重要である。最後は世のため人のためということになるのであろう。まだまだ自分は未熟者である。

今後どこまで、今の自分の仕事の形を進化させるかであるが、チャレンジ精神で、いろいろ試行錯誤で楽しみたいと思う。

この本を書くのも、小さいが、新たなチャレンジだった。平成出版の須田早さんには文章の書き方や、構成と全体の流れの作り方など厳しくダメ出しをしてもらった。

いわく「辰己さん、コンサルティングという仕事は何をやることですか。さっぱりわからない。誰でもわかるように書かないと駄目ですよ」、「世の中、コンサルティングの本はいっぱいありますが、よくわかるいい本は少ないですよ。いや、ないですね。奥さんや、娘さんでもわかるものにして下さい」、「専門用語の漢字が多すぎる。プライドが高すぎるんじゃないですか。世の中、大企業に勤めている人は、ほんの数%ですよ。ほとんどの人が大企業の内情なんか知らないんですよ。辰己さんはわかっていても、読者には伝わらないのですよ。もっと平易に書かないとわからないですよ」などである。

大変いい勉強になった。

まだまだ面白い、やるべきことはいっぱいあるだろう。

日々いろいろ探したいし、勉強して自分を高めたい。定年後でも前向きに進めば「なんとかなる」と思う。これからもずっと「NANTOKANARU精神」でやりつづけたいと思う。

カズオ・イシグロという日系イギリス人の小説「日の名残り」を読んだ。この小説で、カズオ・イシグロはイギリスで、その年に最も優れた長編小説に与えられる、最高権威のあるブッカー賞を取った。その最後の章で、主人公の執事が港町でたまたま会った引退した男に次のように言われる下りがある。「いつも後ろを振り向いていちゃいかんのだ。後ろばかり向いているから気が滅入るのだよ。何だって？昔ほどうまく仕事ができない？みんな同じさ。いつかは休むときがくるんだよ。…」「人生、楽しまなくちゃ。夕方が一日でいちばんいい時間なんだ。脚を伸ばして、のんびりするのさ。夕方がいちばんいい…」

仮に「NANTOKANARU」とならなければ、人生の夕方を楽しんでもいいのである。なにしろ人生でも夕方が一番いいのであるから。

これは「定年親父」の特権である。

平成出版について

本書を発行した平成出版は、優れた識見や主張を持つ著者、起業家や新ジャンルに挑戦する経営者、中小企業を支える士業の先生を応援するために、幅ひろい出版活動を行っています。

代表 須田早は、あらゆる出版に関する職務（編集・営業・広告・総務・財務・印刷管理・経営・ライター・フリー編集者・カメラマン・プロデューサーなど）を経験してきました。

また90年代にはマルチジャンルの出版をめざした会社を設立し、わずか5年間で40倍の売上高を達成、「サルにもわかる」シリーズ等、400点以上の書籍、100点以上の雑誌を発行しました。

その後、さまざまな曲折があり、新たに平成出版を設立。

「自分の思いを本にしたい」という人のために、自費出版ではなく新しい協力出版の方式を提唱。同じ原稿でも、クオリティを高く練り上げるのが、出版社の役割だと思っています。

出版について知りたい事、わからない事がありましたら、お気軽にメールをお寄せください。

book@syuppan.jp　　平成出版 編集部一同

定年起業コンサルタント

平成24年10月10日 第1刷発行

著　者　辰己友一（たつみ・ともいち）
発行人　須田　早
発　行　平成出版 株式会社

〒150-0022 東京都渋谷区恵比寿 南 2-25-10-303
TEL 03-3408-8300　FAX 03-3746-1588
平成出版ホームページ http://www.syuppan.jp
メール: book@syuppan.jp

発　売　株式会社 星雲社
〒112-0012 東京都文京区大塚3-21-10
TEL 03-3947-1021　FAX 03-3947-1617

本文イラスト／ＫＩＫＵＺＯ
編集協力／ 近藤里実、安田京右
※表紙カバーの制作者は、カバーに表記してあります。
印刷 ／ (有)さとう印刷